ICH MÖCHTE
ARBEITEN

Im Gespräch

Das Modell Spagat Vorarlberg

Dieter Basener

53° **Nord** steht für ein praxisorientiertes Publikationsangebot zur beruflichen Teilhabe von Menschen mit Behinderungen. Gleichzeitig schaffen Agentur und Verlag Arbeitspätze für diesen Personenkreis. Der Verlag will mit seinen Büchern und Medien Fachwissen und Alltags-Know-how verständlich verbinden, bewährte Ansätze und Konzepte bekannter machen und neue, zukunftsweisende Ideen vorstellen. Der Titel dieser Buch-Reihe **Im Gespräch** ist dabei ein Motto der Verlagsarbeit.

Bibliografische Information Der Deutschen Nationalbibliothek
Die Deutsche Nationalbibliothek verzeichnet diese Publikation in der Deutschen Nationalbibliografie; detaillierte bibliografische Daten sind im Internet über http://dnb.d-nb.de abrufbar.

53° Nord Agentur und Verlag
Ein Geschäftsbereich der Elbe-Werkstätten Gmbh
Behringstraße 16a
22765 Hamburg
040/414 37 59 87
info@53grad-nord.com
www.53grad-nord.com

© 53° Nord Agentur und Verlag, 2012
ISBN 978-3-9812235-7-6
Koordination: Hartwig Hansen, Hamburg
Fotos: Lukas Alton und Dieter Basener
Titelfoto: Axel Nordmeier
Lithografie: ReproTechnik Ronald Fromme, Hamburg
Druck und Bindung: druckwerk der Brücke Neumünster gGmbH

Inhalt

7	Vorwort des Spagat-Teams
11	Einleitung
14	Die Entstehungsgeschichte von Spagat
20	*Zur Person:* Christoph Schneider
23	Elemente des Spagat-Konzepts
26	Neue Wege, neue Ziele
30	*Im Gespräch:* Stefan Allgäuer
38	Struktur
40	Zugangswege
44	Zielgruppen
46	*Zur Person:* Fabian Kastner
51	Gesetzliche Grundlagen der Finanzierung
53	Finanzierung
56	*Im Gespräch:* Hermann Böckle
63	Berufliche Orientierung in der Schule
68	*Im Gespräch:* Günther Mair
75	Persönliche Zukunftsplanung
78	Unterstützungskreis
82	*Zur Person:* Isabella Bereuter
86	Schnupperpraktika
90	Bildungsangebote
92	*Im Gespräch:* Birgit Werle
100	Arbeitszeiten der Teilnehmer
102	*Zur Person:* Mathias Bertel
106	Mehrfacharbeitsplätze
109	Integrative Wochenstruktur

112	*Im Gespräch:* Ingrid Rüscher
121	Integrationsberater
127	*Im Gespräch:* Lukas Alton
134	Betriebe
137	Mentoren
140	*Zur Person:* Linda Saueregger
144	Eltern
148	*Im Gespräch:* Doris Schneider
153	Werkstätten
159	Netzwerke
161	Entwicklung der Spagat-Teilnehmer
163	*Zur Person:* Bedihan Uyar
168	Gesellschaftliche Relevanz des Ansatzes
171	Übertragbarkeit
174	*Zur Person:* Roman Barbisch
177	Ausblick: Künftige Spagat-Themen
179	Resümee
182	Nachbemerkung
183	Der Autor

Vorwort des Spagat-Teams,
verfasst von Veronika Weißenbach, der jüngsten Spagat-Mitarbeiterin, und Elisabeth Tschann

Individualität, Tätig-Sein, Begleitung, Unterstützung, Integration, Selbstständigkeit, soziale Kontakte, Lebensqualität, Inklusion, Aktivität, Regionalität, soziale Verantwortung, Veränderung, Zusammenarbeit – für das alles steht Spagat.

IfS-Spagat unterstützt Menschen mit erheblicher Behinderung bei der Integration auf den ersten Arbeitsmarkt. Dabei orientiert sich Spagat am Konzept der Unterstützten Beschäftigung, welches das Recht auf regulär bezahlte, sozialversicherungspflichtige Arbeitsverhältnisse im Sinne eines allgemeinen Bürgerrechts ebenso betont wie Individualität. Ausgangspunkt für den beruflichen Eingliederungsprozess sind die Spagat-TeilnehmerInnen selbst, die ihren Prozess der beruflichen Integration aktiv mitgestalten und lenken. Die Umsetzung beruflicher Integration von Menschen mit erheblicher Behinderung in den allgemeinen Arbeitsmarkt ist auf Teilhabe ausgerichtet – eine inklusive Lebensgestaltung wird möglich.

Die Eingliederung von Menschen mit Behinderung in die Arbeitswelt ist schon seit einigen Jahrzehnten ein Anliegen von Betroffenen, Angehörigen, Professionellen und der Politik. Modelle, Projekte und Dienste der beruflichen Integration von Menschen mit Behinderung haben ihren Ursprung in der Integrationsbewegung. Angehörige und Betroffene fordern seit den 1970er-Jahren die Gleichstellung von Menschen mit Behinderung und Menschen ohne Behinderung in allen Lebensbereichen, darunter auch für den Bereich der Arbeit. Aus dieser Zeit resultieren erste Projekte zur beruflichen Eingliederung von Menschen mit Behinderung in den ersten Arbeitsmarkt. Davor fanden Menschen mit Behinderung in der Regel Beschäftigungsmöglichkeiten in (teil-)stationären Einrichtungen des (zweiten und) dritten Arbeitsmarktes. Diese Angebote werden von Menschen mit Behinderung auch heute noch zum Großteil in Anspruch genommen.

Besonders seit den 1980er-Jahren setzen sich Betroffene und ihre Angehörigen verstärkt für die Wahrnehmung von Menschen mit Behinderung als gleichberechtigte BürgerInnen sowie die Umsetzung der Rechte von Menschen mit Behinderung und somit auch des Rechts auf Arbeit ein. Dies wird durch eine zunehmende Orientierung am Leitgedanken der Inklusion unterstützt – konkret: durch die Formulierung und Einforderung allgemeiner Menschenrechte, wozu unter anderem die UN-Konvention über die Rechte von Menschen mit Behinderungen einen Beitrag leistet.

Seither gewinnt die berufliche Integration in den allgemeinen Arbeitsmarkt an Bedeutung – immer wieder werden Projekte und Dienste geschaffen, die Menschen mit Behinderung dabei unterstützen, auf dem ersten Arbeitsmarkt eine Arbeitsstelle zu finden. Dennoch steht die erfolgreiche und langfristige Integration in den allgemeinen Arbeitsmarkt von vor allem Menschen mit erheblicher Behinderung im deutschsprachigen Raum in ihren Anfängen. Trotz des Bemühens neuer Projekte und Dienste der beruflichen Integration sind Menschen mit erheblicher Behinderung meist von diesen Angeboten ausgeschlossen. Dies ist unter anderem in hohen Vermittlungsquoten, die erfüllt werden müssen, einem hohen Unterstützungsbedarf, der langfristige Begleitung erfordert, und der Orientierung an herkömmlichen Berufsbildern sowie am Begriff der (Erwerbs-)Arbeit begründet. Für jene Menschen mit erheblicher Behinderung, die mit einer Arbeitsstelle auf dem ersten Arbeitsmarkt ihren Lebensunterhalt verdienen wollen, braucht es neue Modelle der Eingliederungshilfe – Arbeit und Unterstützung müssen neu gedacht werden!

In Vorarlberg forderten Eltern von Menschen mit Behinderung bereits in den 1980er-Jahren Gleichbehandlung für ihre Kinder mit Behinderung – im Kindergarten, in der Schule und schließlich auch im Arbeitsleben. Aufgrund einer Elterninitiative ist IfS-Spagat zunächst 1997 als EU-Projekt entstanden. Aus der erfolgreichen Vermittlung der teilnehmenden Jugendlichen mit erheblicher Behinderung auf den allgemeinen Arbeitsmarkt ist ein neues Modell der Integration entstanden, das seither erfolgreich umgesetzt wird.

Ein Wesensmerkmal von Integration ist die respektvolle Beteiligung von Menschen, so wurde Spagat von vielen Personen geprägt – einige von ihnen kommen in diesem Buch zu Wort.

Es werden unterschiedliche Aspekte der beruflichen Integration beleuchtet – immer in Zusammenhang mit den persönlichen Erfahrungen. So ergibt sich ein buntes Kaleidoskop und die Entwicklung des Modells Spagat wird sichtbar. Denn mit jeder neuen Person kommen andere Träume und Wünsche ins Spiel, die Ressourcen und Rahmenbedingungen sind variabel, so muss das Modell auch für jede Person angepasst werden.

Mit Beginn dieses Jahres hat Thomas Hebenstreit die Leitung von IfS-Spagat übernommen und wird sich zukünftig unter anderem diesen Themen widmen und IfS-Spagat mit seinem Team weiterentwickeln.

Mir persönlich ist es als junge IfS-Mitarbeiterin ein Anliegen, mich in meiner Tätigkeit am Leitgedanken der Inklusion zu orientieren und Menschen mit Behinderung in der Gestaltung einer inklusiven Lebensweise zu unterstützen und zu begleiten – ganz individuell.

IfS-Spagat und IfS-Integrative Wochenstruktur ermöglichen gesellschaftliche Teilhabe auch für Menschen mit erheblicher Behinderung und (sehr) hohem Unterstützungsbedarf. Denn obwohl mit der UN-Konvention und dem Vorarlberger Chancengesetz eine Grundlage für gesellschaftliche Teilhabe für Menschen mit (erheblicher) Behinderung geschaffen wurde, braucht es Modelle, die auch eine Umsetzung dieser Rechte ermöglichen. Als Integrationsberaterin bei IfS-Spagat/Integrative Wochenstruktur kann ich ausgehend von Stärken, Fähigkeiten, Interessen und notwendigen Rahmenbedingungen der KlientInnen und gemeinsam mit ihren sozialen Netzwerken den Aufbau und die Umsetzung einer integrativen/inklusiven Lebensweise unterstützen. Die Teilhabe von Menschen mit erheblicher Behinderung und (sehr) hohem Unterstützungsbedarf ist möglich.

Dieses Buch stellt das Konzept sowie die Tätigkeit und Vorgehensweise von IfS-Spagat vor. Darüber hinaus gewähren TeilnehmerInnen von IfS-Spagat Einblick in die Umsetzung ihres persönlichen Eingliederungsprozesses sowie in ihren Arbeitsalltag und dessen ganz persönliche Bedeutung.

Vorarlberg, im Juli 2012
Veronika Weißenbach, Elisabeth Tschann

Einleitung

Stefanie Rüscher gehörte zu den ersten acht Teilnehmern, die durch das 1998 gegründete IfS-Spagat einen Arbeitsplatz fanden. Niemand konnte sich zu ihrer Schulzeit vorstellen, dass sie jemals eine tariflich bezahlte Tätigkeit würde ausfüllen können. Gemäß Spagat-Konzept absolvierte sie eine persönliche Zukunftsplanung und ein Unterstützungskreis war bei der Suche nach einem Arbeitsplatz behilflich. Mutter **Ingrid Rüscher** erinnert sich, wie Stefanie ihre Anstellung fand:

> »Eine der Unterstützerinnen war die Frau eines Tierarztes. Wir wussten, dass Stefanie gut mit Tieren umgehen konnte, und hatten gehofft, einen Bauern zu finden, der Stefanie beschäftigen würde. Wir dachten an Kühe und Ziegen melken oder etwas Ähnliches. Die Tierarztfrau brachte ihren Mann mit, und er bot Stefanie an, ihn eine Zeit lang bei seinen Hausbesuchen zu begleiten. Drei Monate ging das so. Auf der nächsten Sitzung des Unterstützungskreises hieß es dann: Wir haben eigentlich nichts Richtiges gefunden. Aber dem Tierarzt hatte Stefanies Begleitung so gut gefallen, dass er sie weiterhin mitnahm. Sie schüttelte ihm das Kissen auf, öffnete jedes Gatter, sodass er nicht mehr aussteigen musste, sie hielt die Schweine beim Impfen fest, und wenn ein Hund da war, beruhigte sie ihn. Denn Hofhunde mögen Fremde nicht. Steffi hatte ihre festen Aufgaben und die machte sie gut. Sieben Jahre ging das so, bis schließlich der Tierarzt schwer erkrankte und nur noch im Innendienst arbeitete. Wir mussten uns leider nach einer anderen Tätigkeit umsehen.«

Geschichten wie diese sind es, die Spagat so besonders machen. Unorthodoxe Arbeitsstellen für Menschen, die anderswo als nicht vermittelbar gelten. Spagat räumt mit festgefügten Urteilen auf und bricht Tabus. Menschen mit Behinderungen müssen nicht unbedingt 40 Stunden in der Woche arbeiten. Sozialhilfemittel werden in Lohnsubventionen umgewandelt, damit die Beschäftigten von ihrem Lohn leben können. Aufgaben, die anderswo professionelle Betreuer übernehmen, werden Arbeitskollegen im Betrieb übertragen und deren Zeitaufwand wird ebenso vergütet, wie man Gruppenleiter in der Werkstatt bezahlt. Schließlich stellt Spagat die allgemein geteilte Überzeugung infrage, dass der freie Arbeitsmarkt für Menschen mit hohem Unterstützungsbedarf nicht aufnahmefähig ist: Die Aussage von Spagat-Leiterin **Birgit Werle** zu diesem Thema klingt wie Wunschdenken, beruht aber auf zehnjähriger Erfahrung.

> »Ich habe noch nie erlebt«, sagt sie, »dass der Grad der Behinderung eine Integration zum Scheitern gebracht hat. Auch nicht, dass ein Betrieb gesagt hat, das können wir uns nicht vorstellen, die Behinderung ist uns zu schwer. Im Gegenteil, es ist immer ein Anstoß, kreativ zu überlegen, wie es trotzdem gehen könnte.«

70 Prozent der Schüler mit besonderem Förderbedarf, die bisher grundsätzlich in Werkstätten gingen, wählen heute in Vorarlberg den Spagat-Weg. Dass das so ist, liegt am Engagement einzelner Eltern, die sich nicht mit dem Werkstattsystem zufriedengeben wollten, an der Vorarlberger Grundeinstellung, dass ambulante Individuallösungen Vorrang haben vor stationärer Unterbringung, und an der Tatsache, dass das Institut für Sozialdienste (IfS) schon in den 80er-Jahren mehrere tausend Menschen mit Lernbehinderungen in den ersten Arbeitsmarkt vermittelt und dort begleitet hat. Dieser Dienst übernahm mit seiner Erfahrung auch die Vermittlung von Menschen mit hohem Unterstützungsbedarf. Die Kontakte und auch Förderins-

trumente waren bereits vorhanden, es galt lediglich, die Methode anzupassen.

Vielleicht ist es kein Wunder, dass sich diese Revolution der beruflichen Teilhabe im kleinsten Bundesland Österreichs vollzogen hat. Vorarlberg hat mit 370 000 Einwohnern die Bevölkerungszahl einer mittleren Großstadt. IfS-Geschäftsführer **Stefan Allgäuer** erläutert die Besonderheiten:

> »In unserer überschaubaren Region haben wir immer sehr stark den Einzelnen im Blick. Je mehr man auf großen Bühnen agiert, etwa von Wien aus oder in europäischen Programmen, umso mehr kommt man weg von der Einzelsituation. Hier vor Ort ist das alles leichter, da kann ich jemanden mitnehmen in den Betrieb, auch den zuständigen Politiker, und der ist unmittelbar mit der Person und den Erfahrungen konfrontiert. Jemanden aus Wien bekomme ich gar nicht in einen Betrieb in Bregenz oder gar im Bregenzerwald. Da muss ich theoretisch argumentieren und zum Beispiel den Begriff Sozialkapital bemühen. Es entspricht sehr unser Vorarlberger Tradition, hart am Fall zu sein, unsere eigenen Lösungen zu finden und uns weniger um Vorgaben von außen zu kümmern.«

Diese Einstellung, verbunden mit pragmatisch denkenden Menschen in Politik und Verwaltung, haben etwas ermöglicht, das verantwortliche Politiker in Wien, Berlin oder Bern bis heute nicht für realisierbar halten, das aber der Zielvorstellung in der Behindertenrechtskonvention entspricht. Spagat beweist: Inklusion ist keine Utopie, auch nicht in der beruflichen Teilhabe. Und wenn sie in Vorarlberg möglich ist, ist sie auch anderswo erreichbar. Wie IfS-Spagat dieses Ziel erreicht, welche Mittel der Dienst nutzt und welche Wege er geht, beschreibt dieses Buch. Ich hoffe, die Lektüre ist für Sie nicht nur informativ, sondern auch kurzweilig und abwechslungsreich.

Die Entstehungsgeschichte von Spagat

Die treibende Kraft für die Gründung von Spagat war, wie in vielen ähnlichen Fällen, eine Elterninitiative. Hier trug der Motor der Innovation den Namen »Integration Vorarlberg«. Dieser Verein um das Ärztehepaar Rüscher aus dem Bregenzerwald setzte sich in den 80er- und 90er-Jahren vehement für den noch jungen Gedanken der Integration ein. Unterstützt wurden sie von Dr. Claudia Niedermeyer, die in Feldkirch in der Lehrerausbildung tätig war.

Die Vorstellungen der Eltern basierten auf Gedanken, die heute unter dem Begriff Sozialraumorientierung subsumiert werden.

> »In den Spezialschulen und Heimen, in die wir unsere Kinder geben sollten, stand die Beseitigung von Defiziten im Vordergrund. Die Tatsache, dass ein Kind sich wohlfühlen muss und sein gewohntes soziales Umfeld benötigt, wurde nicht gesehen«, erläutert **Ingrid Rüscher.** »Unsere Kinder brauchten ja Ansprache, brauchten die Aufmerksamkeit von Nachbarn, von den Kindern im Dorf. Man hat nicht begriffen, dass ein Schulangebot, das nicht im Dorf angesiedelt ist, ein Kind aus seiner Verankerung löst. Für uns als Eltern war dies das Entscheidende.«

Mit Engagement und Einfluss setzten die Eltern die schulische Integration durch, zum Teil gegen Widerstand aus der Lehrerschaft. Schulische Integration bleibt jedoch bis heute auf die Pflichtschuljahre begrenzt.

Mitte der 90er-Jahre bildete der Elternverein einen Arbeitskreis, der sich dem Thema Übergang ins Arbeitsleben widmete. Ingrid Rüscher und Claudia Niedermeyer besuchten in diesem Zusammenhang in Hamburg ein Seminar mit dem Titel »Lebe deinen Traum«. Stefan Doose, einer der Wegbereiter der beruflichen Integration, hatte Referentinnen aus Amerika eingeladen, die die Methode der Persönlichen Zukunftsplanung vorstellten. Ausgangspunkt für eine berufliche Tätigkeit der Jugendlichen waren nicht deren vermutete oder diagnostizierte Fähigkeiten, sondern ihre Wünsche und Vorstellungen. **Ingrid Rüscher:**

> »Die Amerikanerinnen stellten dieses Modell und seine Hintergründe vor und erzählten, wie sie zu diesem Konzept gekommen waren. Wir dachten: Genau, man muss vom Jugendlichen ausgehen. Was kann er, was macht er gern, wozu muss man ihn nicht erst motivieren, welche Plätze interessieren ihn? Und dann muss man schauen, ob es dort Tätigkeiten gibt, aus denen sich sinnvolle Beschäftigungen konstruieren lassen, ganz abgekoppelt von Berufsbildern. Das ist die Freiheit, die wir für unsere Kinder brauchen.«

Mit dem Schwung dieser Ideen forderte die Initiative von der Landesregierung ein Projekt für den Start ihrer Kinder ins Berufsleben. Die Regierungsvertreter knüpften eine Bewilligung an die Bedingung, mit dem erfahrenen Institut für Sozialdienste zu kooperieren. Das IfS hat seine Wurzeln in der psychosozialen Beratung und verzichtet grundsätzlich auf stationäre Angebote. Schon zu Beginn der 80er-Jahre entwickelte es für den Personenkreis der Menschen mit leichteren Behinderungen ein Konzept der Vermittlung ins Arbeitsleben. Es wies große Ähnlichkeit mit der Unterstützten Beschäftigung auf, die zur selben Zeit gerade in den USA erprobt wurde. Auch in Vorarlberg erwies sich dieser Ansatz als erfolgreich. In der Folgezeit vermittelte und begleitete der Dienst jährlich zwischen 800 und 1000 Personen mit Behinderungen in den Arbeitsmarkt.

Bei der Anfrage der Eltern war dem IfS klar, dass Menschen mit schwerer Behinderung andere Unterstützungskonzepte benötigen und die IfS-Planer nahmen sich der Aufgabe an. **Elisabeth Tschann** war damals schon im IfS tätig. In ihren Verantwortungsbereich fällt heute der Fachdienst Spagat.

> »Dass wir vom IfS das zusammen mit den Eltern gemacht haben, war genau der richtige Weg. Der Erfolg lag begründet in der Kraft der Eltern, aber auch in der Beharrlichkeit und Ausdauer der Institution«,

resümiert sie.

Menschen mit schwerer Behinderung in den Arbeitsmarkt zu integrieren, war zu dieser Zeit für die meisten Fachleute undenkbar. Die Elterninitiative verspürte auch aus Elternkreisen starken Gegenwind, weil niemand sich vorstellen konnte, dass für diese Jugendlichen etwas anderes möglich sein könnte als eine beschützende Werkstatt. **Elisabeth Tschann:**

> »Diese Eltern klagten für ihre Kinder Festanstellung und volle Bezahlung ein. Sie wollten eine gemeinsame Arbeit von behinderten und nichtbehinderten Menschen in der offenen Wirtschaft, dort wo sich die Arbeit wirklich abspielt, nicht in irgendeiner Enklave.«

IfS-Geschäftsführer **Stefan Allgäuer** traf mit dem neuen Konzept auf Skepsis bei den Verantwortlichen aus Politik und Verwaltung:

> »Es waren Lösungen vorhanden, die alle für ausreichend hielten. Lebenshilfe und Caritas boten Werkstattplätze für Behinderte, alles war stationär abgedeckt. Und die Politiker kommen dann gern in die

> Einrichtungen und sagen, wie toll das ist, welch gute Arbeit geleistet wird und dass das alles eine hohe gesellschaftliche Bedeutung hat. Deswegen ist es für sie auch fast undenkbar, etwas anders zu machen. Mit unseren Ideen und Plänen galten wir als Verrückte, sowohl die Eltern als auch wir vom IfS. Der zuständige Mitarbeiter in der Regierung sagte mir später im Vertrauen: ›Ich hätte das Geld niemals aufgetrieben, wenn nicht diese Eltern dahintergestanden hätten.‹ Ein Verständnis war in der Politik zum damaligen Zeitpunkt für eine solche Idee überhaupt nicht vorhanden.«

IfS und Eltern hatten Glück: Österreich war gerade der EU beigetreten und hatte Zugang zu Mitteln des Europäischen Sozialfonds. Das Projekt der Eltern und des IfS passte zu einem EU-Programm mit dem Titel HORIZON: Es wurde für drei Jahre – von 1998 bis 2001 – in die Förderung aufgenommen. Ziel war es, acht Jugendlichen aus der Elterninitiative, die zu dieser Zeit die Schule verließen, in Arbeitsplätze zu vermitteln. Alle acht stammten aus den Gemeinden Bregenzerwald und Lustenau. Drei Jahre standen als Vermittlungszeit zur Verfügung. Innerhalb des IfS wurde das Projekt in einer eigenständigen Einheit angesiedelt, die den Namen Spagat erhielt.

Basis für das Spagat-Konzept waren die IfS-Erfahrungen mit geschützten Arbeitsplätzen. Hinzu kamen Ideen aus Amerika, die Stefan Doose als Berater einbrachte. Ihr Kern war die Persönliche Zukunftsplanung und das Konzept des Unterstützungskreises. **Elisabeth Tschann:**

> »Was wir von Stefan Doose auch gelernt haben, war, dass man für eine solche Arbeit klare Regeln braucht und dass man das Vorgehen nicht jedem Integrationsberater überlassen kann, der macht, wie er es für richtig hält. Es gibt keine Methodenfreiheit, Spagat-Leiterin Birgit Werle

und ich bestehen darauf, dass sich die Mitarbeiter an die konzeptionellen Vorgaben halten. Wenn es eine Ausnahme gibt, dann muss sie begründet sein.«

Entgegen den Erwartungen vieler Experten war nach dem Ablauf der drei Projektjahre jeder der acht Jugendlichen in Arbeit vermittelt. Es war gelungen, mit der Wirtschaftskammer eine Bezahlung nach Kollektivvertrag (in Deutschland: Tarifvertrag) auszuhandeln und den Arbeitsmarktservice (er entspricht der deutschen Arbeitsagentur) in die Finanzierung der Arbeitserprobung einzubinden. Das Vorarlberger Sozialministerium entwickelte ein Vergütungsmodell mit drei Säulen. Es umfasst
- die Personalunterstützung durch Spagat,
- die Lohnkostensubvention,
- die Finanzierung der Mentoren, also der unterstützenden Arbeitskollegen im Betrieb.

Dieses Vergütungsmodell hat bis heute Bestand. Das Sozialministerium stellte fest, dass dieser Finanzierungsweg nicht teurer war als die institutionelle Lösung.

Schon vor Ablauf der drei Modelljahre wurde das erfolgreiche Konzept landesweit ausgedehnt, nicht zuletzt durch den Druck von Eltern aus anderen Regionen. **Birgit Werle,** die heutige Leiterin des Dienstes, stieß 1999 zum Spagat-Team:

»Ich war total begeistert von diesem Projekt und viele haben sich anstecken lassen. Natürlich gab es auch Skeptiker, aber eher in den Reihen der Professionellen. Die meisten Laien waren schnell mit im Boot und mit dem Herzen dabei.«

Schon im Jahr 2000 war auf der Basis dieser acht Arbeitsplätze in Vorarlberg etwas gelungen, was in Deutschland auch im Jahr 2012 noch nicht möglich ist: das gleichberechtigte Nebeneinander von traditionellem Werkstattmodell und Finanzierung beruflicher Teilhabe im Arbeitsmarkt und das auch für Personen, die bis zu diesem Zeitpunkt durchweg als kaum werkstattfähig galten. Ein wichtiges Erfolgskriterium hierfür lag in der langjährigen Vorarbeit durch das IfS.

> »Wir hatten nicht nur die politischen Freiräume, etwas zu erproben, sondern die Wirtschaft war bereits auf das Thema Behinderung eingestimmt. Aus unserer vorhergehenden Arbeit hatten wir 600 bis 800 Betriebe im Land, vornehmlich kleine und Mittelbetriebe, wo wir Menschen kannten, die bereit waren, den Schritt zu wagen«,

sagt **Stefan Allgäuer** heute im Rückblick.

»Ich mag es, mit Leuten zu reden.«

Christoph Schneider: Gehört zum Stammpersonal

Zehn Jahre lang arbeitet Christoph Schneider schon im Spar-Markt in Andelsbuch in Bregenzerwald. Die Kunden kennen ihn, er ist Teil des Teams. »Ich gehörte zu den ersten, die Spagat vermittelt hat«, sagt er, »und zuvor gehörte ich schon zu den ersten Integrationsschülern in Vorarlberg.« Der Leiter des Spar-Markts, Andreas Meusburger, ist Christoph Schneiders Mentor. »Er macht bei uns alle Arbeiten, die anfallen«, berichtet Meusburger. »Er kennt sich aus, egal was es ist: Das Auffüllen im Lager, das Bedienen der Papierpresse oder die Botengänge. Nur an der Kasse arbeitet er nicht.«

Der junge Mann ist das Arbeiten gewohnt, seine Eltern haben einen Bauernhof und er musste schon früh helfen. »Ich arbeite gerne«, sagt er, »aber nicht immer nur in der Landwirtschaft. Für mich ist es schön, dass ich im Spar-Markt sein kann.« Zuhause muss er, wie seine Geschwister, die Kühe melken, sie füttern und auf die Weide lassen, auch putzen und wischen. »Lieber bin ich bei der Arbeit«, gesteht er, »da sind viele Menschen um mich herum. Ich mag es, mit Leuten zu reden.« Andreas Meusburger bestätigt das. »Die Leute haben immer eine Gaudi mit dem Christoph.«

Als eine Spagat-Mitarbeiterin damals den Marktleiter fragte, ob Christoph Schneider ein Schnupperpraktikum absolvieren könne, war er gleich bereit dazu. »Ich bin immer offen für so etwas, ich finde es wichtig, soziale Verantwortung zu übernehmen. Wichtig war aber auch, dass die Anstellung kein Automatismus ist, dass man es ausprobieren und auch Nein sagen kann.«

Im Fall Christoph Schneider war die Sache aber schnell entschieden. Das Personal nahm ihn gut auf, und nach dem Schnuppertag war gleich klar: Hier kann er bleiben. Andreas Meusburger: »Christoph bringt seine Leistung. Da zeigt sich, dass ein behinderter Mensch auch in der Wirtschaft arbeiten kann. Die Fördersumme beträgt 50 Prozent, das ist im Laufe der Jahre weniger geworden.« Christoph Schneider ist mit seinem Lohn zufrieden. »Ich kann mir davon Kleidung oder Schuhe kaufen und ich kann auch noch was sparen.«

Andreas Meusburger ist von Spagat überzeugt: »Es ist wirklich eine gute Idee. Ich kann sie nur jedem empfehlen, nicht nur weil es eine Unterstützung gibt. Wer es probiert, der sieht vieles auch in einem anderen Licht. Jeder, der ein nicht behindertes Kind hat, weiß, dass es auch anders sein könnte. Aber man sieht auch, dass Behinderung nichts Schlimmes ist. Christoph hat seine Arbeit und sein Auskommen wie jeder andere auch. Er ist beliebt und er hat sich bei uns sehr gut entwickelt.«

Elemente des Spagat-Konzepts

IfS-Spagat nutzt das Konzept der Unterstützten Beschäftigung mit dem Grundgedanken, erst zu platzieren und dann zu qualifizieren. Ausgangspunkt sind nicht die diagnostizierten oder vermittelten Fähigkeiten einer Person, sondern ihre Motivation, ihr Wunsch und die Frage, wo sie sich wohlfühlt. Die Arbeit der Integrationsberater richtet sich an den Fragen aus: Was braucht jemand, damit er arbeiten kann? Wie muss der Arbeitsplatz gestaltet sein? Welche Tätigkeiten möchte jemand ausführen? Welche Unterstützung ist erforderlich?

Weitere feste Bestandteile des Spagat-Konzepts sind die Persönliche Zukunftsplanung, der Unterstützungskreis, eine Vielzahl von Schnupperpraktika, eine wohnortnahe Vermittlung, die Einbindung in die sozialen Bezüge am Arbeitsplatz und die Benennung eines Mentors oder einer Mentorin. Zukunftsplanung, Unterstützungskreis und Mentor sind unabdingbare Elemente.

Die bewusste Einbeziehung des sozialen Umfelds in den Vermittlungs- und Unterstützungsprozess, also der Familie und Nachbarschaft mit ihren Kontakten, ist eine tiefgreifende Abkehr von traditionellen Denkstrukturen der Behindertenhilfe. Setzte sie bisher auf Institutionalisierung und Professionalisierung, bedient sie sich im neuen Paradigma der sozialräumlichen Strukturen. Die Gesellschaft gibt die Zuständigkeit nicht mehr an professionelle Helfer ab, sondern Mitbürger übernehmen wieder Verantwortung für die Teilhabe von Menschen mit Behinderung.

Für die Familie bedeutet dies jedoch eine höhere Belastung. Sie wird intensiver und länger als bisher in die Pflicht genommen. Anders als bei der institutionellen Lösung ist der inklusive Weg kein All-Inclusive-Paket mit einer Absicherung für alle Eventualitäten. Die Institution wird durch Netzwerke ersetzt: Eltern, Nachbarn und Kollegen, aber auch der Busfahrer auf dem Arbeitsweg, tragen ihren Anteil zum Gelingen der Integration bei. IfS-Geschäftsführer **Stefan Allgäuer:**

»Dass die Eltern Sicherheit verlieren, ist für sie ein Problem. Sie geben viele Ansprüche auf, die sie im institutionellen System haben, und unsere Aufgabe war es, die Eltern zu überzeugen, dass es sich lohnt, sich darauf einlassen. Oft ist das auch nicht gelungen.«

Das IfS als Trägerorganisation steht seit seiner Gründung in den 60er-Jahren für einen ambulanten Ansatz. **Elisabeth Tschann:**

»Bei uns gibt es keine Häuser, keine Werkstätten, keine vorgefertigten Arbeitsplätze.«

Stefan Allgäuer ergänzt:

»Wir haben uns gegen die etablierten Institutionen entwickelt, die Lebenshilfe zum Beispiel hat Häuser und Werkstätten gebaut und tut sich jetzt schwer, wieder davon wegzukommen. Wir sind konsequent den individuellen Weg gegangen und haben keine Hürden aufgebaut, die uns nun behinderten. Unser Denken hat immer bei den Menschen zuhause und ihren Angehörigen begonnen. Mit dieser Tradition hatten wir beim Spagat-Ansatz auch keine inneren Widerstände zu überwinden.«

Dieser ambulante Ansatz mit der Aktivierung der sozialen Ressourcen von Familie, Nachbarschaft und Gemeinde weist den Spagat-Fachleuten eine neue Rolle zu.

> »Integrationsberater sind bei uns nicht Akteure, sondern Moderatoren eines Prozesses. Das genau war unser Erfolgsfaktor«,

meint **Stefan Allgäuer.** Während für Vermittlungsdienste, die nicht auf Unterstützungskreise setzen, die Akquisition von Praktika und Arbeitsplätzen in der Regel die schwierigste Aufgabe darstellt, ist sie für Spagat eher problemlos.

> »Wir mussten nie kämpfen, sondern es reichte, Kontakte herzustellen, Verbindungen zu knüpfen, und dann ging es wie von selbst. Wir waren selbst überrascht, wie positiv besetzt diese Praktika von vornherein waren. Ich persönlich habe gedacht, es wird zunächst nur Einzelvermittlungen geben, wir brauchen die Eltern dahinter und wir gehen mit Spagat ein hohes Risiko ein. Aber das war überhaupt nicht so. Das entscheidende Moment war, über den Unterstützungskreis Verbindungen herzustellen und dadurch die Menschen in den Betrieben zu erreichen und zu aktivieren«, sagt der Geschäftsführer.

Neue Wege, neue Ziele

Spagat machte die Erfahrung, dass Laien sehr wohl bereit sind, sich für behinderte Menschen zu engagieren, allerdings muss sich die Belastung im Rahmen halten. Der Dienst entwickelte eine bis dahin nicht gekannte Effektivität. Er arbeitete sehr zielgerichtet und zeitökonomisch. Während sich anderswo eine Persönliche Zukunftsplanung über Wochen und Monate erstrecken kann, geschieht sie bei Spagat an einem halben Tag. Unterstützungskreise sind auf eine Dauer von zwei bis drei Stunden begrenzt. Schnupperpraktika dauern häufig nur einige Stunden. Dafür gibt es zwischen 5 und 15 solcher Praktika. Es geht dabei vor allem um den ersten Kontakt zu den Betrieben und die Teilnehmer haben die Chance, viele unterschiedliche Arbeitsfelder kennenzulernen. Spagat-Leiterin **Birgit Werle:**

»Die Betroffenen und ihr Umfeld haben häufig die Erfahrung gemacht, dass im sozialen und pädagogischen Bereich viel geredet wird und wenig passiert. Unser Anspruch war es immer, recht schnell in Aktion zu kommen, Schnupperplätze zu schaffen und vor Ort zu schauen, was jemand braucht. Aus diesem Anspruch heraus haben wir die Unterstützungskreise zeitlich begrenzt, damit die Leute auch dabei sein und sehen können: Hier werden Aufgaben verteilt, jeder tut etwas, jeder muss Verantwortung übernehmen und danach passiert auch was.«

Eine weitere Abkehr von überkommenen Vorstellungsmustern ist die Neudefinition von Arbeit. Während in Werkstätten der Teilhabe-Gedanke gleichberechtigt neben dem Leistungsgedanken steht, war bisher eine Tätigkeit auf dem Arbeitsmarkt immer identisch mit der Erbringung wirtschaftlich verwertbarer Leistung. IfS-Spagat brach mit dieser Überzeugung und wagte den Schritt, das Werkstattdenken auf den Arbeitsmarkt zu übertragen, Arbeit also auch in Betrieben als gesellschaftliche Teilhabe zu definieren. Sie bot die Möglichkeit, in soziale Zusammenhänge am Arbeitsplatz eingebunden zu werden, ohne selbst nennenswerte verwertbare Leistungen zu erbringen. Die Verantwortlichen waren überrascht, dass die Betriebe diesen Gedanken akzeptierten. **Stefan Allgäuer:**

> »Die Grundfrage lautet: Muss Arbeit an Leistung gekoppelt sein oder betrachtet man sie als Form von Teilhabe? Wenn man das Zweite akzeptiert, dann kann man Arbeit auch anders zuschneiden. Und wenn dieser Weg die Gemeinschaft gleich viel kostet wie der institutionelle, wenn man vielleicht sogar noch etwas spart, dann kann man dabei sogar betriebswirtschaftlich argumentieren. Wir haben uns allmählich vorgetastet. Von der Leistungsminderung von 50 Prozent sind wir auf 60, 70, 80 Prozent gegangen. Dann kam zum ersten Mal die Idee, wir probieren es mit null Prozent Leistung. Das war der Kick. Die Argumente für die Tätigkeit im Betrieb waren Inklusion und Teilhabe und nicht mehr Leistungsfähigkeit. Interessanterweise verstehen die Betriebe das auch, vielleicht besser als die meisten Fachleute oder Sozialpolitiker. Trotzdem bringt die Tatsache, dass hier ein behinderter Mensch im Betrieb ist, eine Dynamik, er hat seinen Wert und den erkennen die Betriebe auch.«

Spagat ging noch einen Schritt weiter: Die Beschäftigten können mit ihrer Tätigkeit ihren Lebensunterhalt selbst verdienen. Das mag zwar unter dem Aspekt des gerade geschilderten Teilhabegedankens verblüffen, bedeutet aber für den Leistungsträger finanziell kaum eine Mehrbelastung, weil dabei Sozialhilfemittel in Lohnkostenzuschüsse umgewandelt werden. Die Logik: Der Betrieb zahlt für die Leistung, die jemand real erbringt. Der größte Teil des Lohnes wird subventioniert, und auch für die Anleitungs- und Betreuungsleistung fließen – wie in der Werkstatt – Mittel der Eingliederungshilfe.

Und eine weitere heilige Kuh wurde geschlachtet, nämlich die des Postulats der Vollzeitarbeit für behinderte Menschen. Vielen Beschäftigten reicht es, 15 oder 20 Stunden in der Woche zu arbeiten. Sie nutzen ihre Zeit für Sozialkontakte oder Tätigkeiten im Freizeitbereich. Die mit dem ambulanten Ansatz verbundene Verselbstständigung und Stärkung des Selbstbewusstseins versetzt viele Beschäftigte in die Lage, eigene Ideen und Wünsche zu entwickeln. Als Form der Tagesstrukturierung ist Vollzeitarbeit nicht mehr erforderlich.

Zur Realisierung dieses Systems bedarf es auf Kostenträgerseite einer veränderten Denkweise. Die Grundlagen dazu sind allerdings bereits gesetzlich verankert: In Vorarlberg ebenso wie in Deutschland sind die Leistungsempfänger beruflicher Teilhabe nicht Werkstätten oder Dienste, sondern die Betroffenen selbst. Für **Hermann Böckle,** den zuständigen Referenten im Vorarlberger Sozialministerium, muss zudem die Wahlfreiheit realisiert werden:

> »In diesem Land sollen die Menschen selbst entscheiden können, welchen Weg sie gehen. Wenn sie den inklusiven Weg gehen wollen, dann muss dies möglich sein. Wollen sie den institutionellen Weg gehen, dann bitte eben auch. Wenn man die UN-Konvention ernst nimmt, müssten aber die Prioritäten umgekehrt werden. Wir müssten zuerst fragen, was brauchst du, damit du eine Tätigkeit auf dem offenen Arbeitsmarkt findest, und zu allererst überlegen, wie ermöglichen wir das. Inklusion müsste der Standardweg sein. Werkstätten und institutionelle Möglichkeiten dürften nur für die infrage kommen, für die es

nicht anders geht. Und ich bin Realist genug zu sagen, es wird ohne Werkstätten nicht gehen. Es gibt auch Menschen, bei denen ich mir wirklich nicht vorstellen kann, dass sie den inklusiven Weg gehen könnten.«

»Unser Weg ist der der begleiteten Selbstständigkeit.«
Im Gespräch mit Stefan Allgäuer,
Geschäftsführer des Instituts für Sozialdienste (IfS)

Herr Allgäuer, welches sind die Aufgabenfelder des IfS?
Das IfS ist eine private Sozialorganisation in Vorarlberg, die ein sehr breites Spektrum an sozialen Dienstleistungen anbietet. Wir beraten und begleiten Menschen in psychischen Krisen und sozialen Notlagen. Dabei umfasst unser Angebot Psychotherapie und psychosoziale Beratung wie beispielsweise Paar- oder Erziehungsberatung, zudem sozialpädagogische Maßnahmen, die wir im Auftrag der Jugendwohlfahrt ausführen, Assistenz und Integrationshilfe für Menschen mit Behinderungen, Schuldenberatung, Gewaltschutz, den wir teils im Auftrag der Ministerien in Wien ausführen, u.v.m.

Wie lange sind Sie schon beim IfS tätig?
Ich arbeite seit 30 Jahren beim IfS, bin von meiner Grundausbildung Psychologe und Psychotherapeut und seit nunmehr 25 Jahren in der Unternehmensführung tätig. Seit 1995 ist das IfS eine GmbH und ich bin seither formal Geschäftsführer dieser Institution.

Das heißt, Sie haben die Entstehung von IfS-Spagat auch verantwortlich begleitet?
Ja.

Das Institut für Sozialdienste unterhält bewusst keine stationären Einrichtungen. Dabei sind Sie in einer Zeit gestartet, als der stationäre Weg noch gar nicht infrage gestellt wurde. Wie entstand diese Philosophie?

Als wir in den 1970er-Jahren begannen, mit Menschen mit Behinderung zu arbeiten, gab es in Vorarlberg noch kaum Angebote. Die Institutionen befanden sich im Aufbau und wir haben uns ganz bewusst in eine gegensätzliche Richtung entwickelt. Jenen Institutionen, die auf zentrale, stationäre Einrichtungen setzten (man muss da gar nicht weit in anderen Ländern schauen), ist es später sehr schwergefallen, wieder davon wegzukommen und einen neuen Weg einzuschlagen. Unser großer Vorteil war bzw. ist es, dass wir im IfS sozusagen bei »Null« beginnen konnten und von Anfang an den ambulanten Weg, den Weg der begleiteten Selbstständigkeit gewählt haben. Es gab keine Sachzwänge (zum Beispiel Besitz oder bestehende Häuser), die uns von diesem Weg abgehalten hätten. Mit Verwunderung schauen wir in andere Länder, deren große Behinderteneinrichtungen teils regelrechte Dörfer, ja sogar ganze Städte darstellen. Bei uns lautet das Prinzip: selbstständiges Wohnen in eigenen Wohnungen. Unser Denken hat stets individuell bei jedem einzelnen Menschen angesetzt, bei ihm zuhause, bei seinen Angehörigen. Auch wir hatten große Schritte zu tun, doch wir sahen uns nicht mit so vielen Widerständen und Hindernissen konfrontiert.

Das IfS hatte auch vor dem Aufbau von Spagat schon Vorerfahrungen mit »geschützten Arbeitsplätzen«?

Ja. Die Unterstützung beim Auf- und Ausbau sowie bei der Sicherung von »geschützten Arbeitsplätzen« war 30 Jahre lang einer unserer Arbeitsschwerpunkte. Die Begleitung von Menschen mit Behinderung auf Arbeitsplätzen in privaten Betrieben anstatt auf »geschützten« oder besser gesagt auf »geförderten Arbeitsplätzen« war gewissermaßen einer unser Markenartikel. In diesem Bereich kam uns österreichweit eine Vorreiterrolle zu. Wir waren die Ersten, die dies umgesetzt und ausgebaut haben. Mit diesem Modell konnten wir zwischen 800 und 1000 Menschen begleiten – lange bevor in ganz Europa von »Arbeitsassistenz« und »Unterstützter Beschäftigung« die Rede war.

800 bis 1000 Menschen insgesamt?
Nein, 800 bis 1000 pro Jahr – in unterschiedlicher Form. Die Begleitung von Menschen mit Behinderung auf »geschützten Arbeitsplätzen« war eines der Standbeine der Arbeit des IfS. Daraus haben sich alle anderen Dienstleistungen im Bereich der Unterstützung und der Integration von Menschen mit Behinderung entwickelt, da sich im Rahmen dieser Tätigkeit immer wieder neue Anforderungen ergeben haben. Menschen, die arbeiten, können und wollen beispielsweise auch selbstständig leben und wohnen. Sie brauchen Fort- und Weiterbildung, damit sie mit den Innovationen in der Arbeitswelt mithalten können. So hat sich schrittweise ein breites Spektrum an Angeboten entwickelt: Begleitung bei der Arbeit, beim Wohnen, in Beruf und Freizeit, zudem diagnostische Abklärung, Aufbereitung von relevanten Informationen usw. In diesem Arbeitsfeld waren wir immer wieder Partner aller Gruppierungen und Bewegungen, die Wert auf den integrativen Ansatz gelegt haben.

Sie haben das »Supported Employment« zeitgleich mit den Amerikanern erfunden, lange bevor hier jemand etwas davon gehört hat?

Genau. Wir haben gearbeitet, waren stolz, dass es funktionert, und haben uns gewundert, dass andere es nicht genauso machen. Damals hat uns das Arbeitsamt, der Arbeitsmarktservice in Wien, »angezeigt«, wir würden unerlaubterweise Arbeitsvermittlung betreiben – derart ungewöhnlich und neuartig waren dieses Denken und dieser Ansatz. Mit dem Beitritt Österreichs zur EU starteten wir ab 1995 damit, Netzwerke zu knüpfen und über die Grenzen hinauszublicken. Wir nahmen am EU-Programm HORIZON teil, in dessen Rahmen das Angebot »Spagat« entstand.

Was ist der Unterschied zwischen diesen frühen Anfängen und dem, was später Spagat gemacht hat?

Der Personenkreis. In der Zusammenarbeit der Gruppen und Initiativen, insbesondere mit »Integration Vorarlberg«, kristallisierte sich eine neue Zielgruppe heraus. Zuvor wurden immer jene begleitet, die am mutigsten waren. Nun stellte man bei Integration Vorarlberg Überlegungen an, im Sinne der beruflichen Integration Unterstützung für die Personengruppe der Menschen mit erheblichen und schweren Behinderungen anzubieten. Gemeinsam haben wir dieses Thema aufgegriffen und die Konzeption entwickelt. Speziell an Vorarlberg ist sicherlich, dass unser Finanzgeber, das Land Vorarlberg, immer unser Partner war und uns dazu ermutigte, Neues auszuprobieren. In diesem Kontext hatten wir den Mut und die Energie, innovativ zu denken und das Projekt Spagat zu beantragen.

Waren die Eltern einfach so bereit, ihre Idee an eine doch etablierte Organisation weiterzugeben?
Wir hatten in den Jahren zuvor bereits viel Kontakt mit Eltern und Angehörigen, da wir die Integration in den Systemen Kindergarten und Schule begleitet hatten. Man hat sich gekannt und brachte sich gegenseitige Wertschätzung entgegen. Anders war, dass aus den begleiteten Kindern mittlerweile Jugendliche geworden waren. Trotz der intensiven Kontakte mussten wir aber durchaus auch manches Mal um Lösungen ringen.

EU-Gelder für so ein kleines Projekt mit nur acht Jugendlichen zu bekommen, war kein Problem?
Zur damaligen Zeit wussten die Stellen in Wien noch nicht, wie mit den neuen Projektförderungsmöglichkeiten aus der EU umzugehen ist und wie diese Projektgelder genutzt werden können. In Vorarlberg gab es gute Ideen, es gab Anstöße von außen und wir waren in der Lage, rasch Projekte und Anträge auf die Beine zu stellen. Nach drei, vier Jahren war das Angebot an Trägern und Projektanträgen natürlich sehr groß geworden, aber am Anfang hatten wir – als die Schnelleren – noch recht gute Chancen.

Ein wichtiger Schlüssel zum Erfolg war offensichtlich das Finanzierungsmodell, das Sie mit dem Land gefunden haben.
Ja, zusammen mit der günstigen Struktur der Landesverwaltung: Derselbe Beamte ist verantwortlich für die Kosten im stationären und im ambulanten Bereich. Er kennt die Personen, die im System betreut werden, er sieht die Alternativen und erkennt, dass es sich lohnt, den ambulanten Weg zu gehen, selbst wenn es nur für ein paar Jahre ist. Die Politik war be-

reit, Experimente einzugehen, zum Beispiel die ersten Modelle der Mentorenfinanzierung mitzutragen und dann zu beobachten, was sich dabei entwickelt.

Im zuständigen Fachbereich im Amt der Vorarlberger Landesregierung wird gesagt, der Spagat-Weg sei günstiger als die Werkstattfinanzierung.
Wenn man nur die Lohnkostenzuschüsse berücksichtigt, ist es sogar deutlich günstiger. Aber auch, wenn man die Kosten für die MentorInnen und für die Begleitung durch die Spagat-MitarbeiterInnen miteinkalkuliert, sind die Kosten geringer als bei stationären Alternativen und es rechnet sich langfristig noch mehr, wenn man all die Kosten, die sonst zum Lebensunterhalt und zur Absicherung der Lebensrisiken aufgewendet werden müssen, mit berücksichtigt.

Haben Sie viel Nachfrage aus dem Ausland, wollen sich viele Menschen Spagat anschauen?
Ja, die MitarbeiterInnen werden häufig eingeladen, das Spagat-Modell vorzustellen, vorzugsweise in Österreich, Deutschland und Italien. Mittlerweile können sie den theoretischen Hintergrund und die Ergebnisse der Auswertungen sehr gut darstellen und dem dient ja auch dieses Buch.

In unserem Gespräch höre ich Ihre hehre Absicht, die Gesellschaft zu verändern, gar nicht so stark heraus, sondern eher die Absicht, bei der Praxis anzusetzen, etwas auszuprobieren, kleine Schritte zu machen. Ist die Gesellschaftsveränderung, die Sie vielleicht hier in Vorarlberg bewirken, ein schönes Nebenprodukt?
Ja, wir sind ein sehr praxisorientierter, ein sozialarbeitsorientierter Betrieb und setzen immer am Anliegen des Einzelnen

an. Unser generelles Anliegen lautet: Was braucht es an Strukturen, was kann aber auch der Einzelne leisten? Was uns antreibt, ist, immer auf der Seite der Menschen zu stehen, mit ihnen weiter in Richtung Lebendigkeit zu gehen. Und das auf Dauer auch gesellschaftsverändernd.

Struktur

Der Träger des Fachdiensts Spagat, das Institut für Sozialdienste, feiert im Jahr 2012 als Verein sein 50-jähriges Bestehen.
»Die Vereinsmitglieder sind eine Gruppe von sozial engagierten Menschen, die einen Querschnitt durch die Vorarlberger Bevölkerung darstellen, 40 bis 45 Personen. Im Verein gibt es ein Ausschlusskriterium, das verhindert, dass Personen, die politische Verantwortung tragen, in Rollenkonflikte kommen«,
erklärt **Stefan Allgäuer.**

Die Geschäftsfelder des IfS sind in einer GmbH zusammengefasst und decken ein breites Spektrum an sozialen Dienstleistungen ab: Soziale Dienste, Jugendwohlfahrt, Integration von Menschen mit Behinderungen und psychischen Erkrankungen, Gewaltschutz mit dem Schwerpunkt in präventiver Arbeit und Hilfe zur Selbsthilfe. **Stefan Allgäuer:**
»Es sind im Wesentlichen Ansätze, die verhindern, dass Menschen langfristig oder dauerhaft stationäre oder fremdbestimmte Hilfe brauchen.«

Einrichtungen oder stationäre Angebote unterhält der Verein nicht.
»Wir übernehmen immer wieder neue Projekte und unsere Mitarbeiter trauen sich, etwas Neues auszuprobieren. Wir sind eine private Organisation, privat auch in dem Sinne, dass wir etwas erproben, Fehler machen dürfen und nicht, wie ein Amt, immer alles richtig machen müssen«, findet der Geschäftsführer.

IfS-Spagat ist eingebunden in die Fachgruppe Assistenz für Menschen mit Behinderungen. Die Leitung der Fachgruppe hat Elisabeth Tschann. Zu ihrem Bereich gehören unter anderem das begleitete beziehungsweise ambulante Wohnen mit der Bezeichnung Fundament, der Bereich soziale Integration, ein Dienst, der darüber informiert, welche Angebote es im Land gibt, sowie eine Diagnostikabteilung. Spagat nutzt die Verwaltung und das Sekretariat des Trägers. Berichte an das Land muss jeder Integrationsberater selbst erstellen. Der Dienst hat eine eigene Leitungsstelle, alle Integrationsberater sind gleichberechtigt. **Birgit Werle:**

> »Wir haben keine Teams gebildet, bei uns gibt es allenfalls informelle Strukturen. Neue Mitarbeiter können auf die Erfahrung ihrer lang gedienten Kollegen zurückgreifen, wenn es einmal schwierige Situationen gibt.«

Das Team wird komplettiert durch zwei Mitarbeiter im Freiwilligen Sozialen Jahr und einen Zivildiener.

Zugangswege

In der Anfangszeit speisten sich die Vermittlungen und Arbeitsbegleitungen durch Spagat aus dem Schulbereich, also aus Integrationsklassen, Sonderschulen oder aus den Berufsvorbereitungsklassen. Heute kommen auch Teilnehmer dazu, die bereits in Werkstätten arbeiten. Spagat-Leiterin **Birgit Werle:**

> »Etwa 60 Prozent begleiten wir noch direkt aus der Schule heraus, die anderen 40 Prozent kommen aus Werkstätten oder sind Quereinsteiger.«

Die Kontaktaufnahme während der Schulzeit geschieht in den letzten ein, zwei Jahren. In den Berufsvorbereitungsklassen und den polytechnischen Klassen, die die Hauptschüler besuchen, ist die berufliche Orientierung ein zentrales Thema. Berufsvorbereitung wird im Unterricht behandelt und es stehen Zeiten für Berufspraktika zur Verfügung.

> »Dabei geht zum Beispiel eine ganze Klasse gemeinsam mit dem Lehrer auf einen Bauernhof. Als Lehrer kann man ja nicht jeden Einzelnen begleiten, das ist zeitlich unmöglich. Wenn wir schon vor diesem Praktikum mit einem Schüler in Kontakt sind, dann können wir für ihn dieses Schnuppern übernehmen, und zwar in dem Fall in einer Eins-zu-eins-Betreuung«, sagt Integrationsberater **Lukas Alton.**

Für die Eltern gibt es im Vorfeld der beruflichen Orientierung Elternabende, bei denen die Lehrer häufig auf Spagat verweisen. **Günther Mair,** Lehrer in einer Integrationsschule:

> »Wir ermöglichen, dass jemand von Spagat dabei ist. In der Regel geschieht das eineinhalb Jahre vor Schulende.«

Die Spagat-Mitarbeiter werden nur auf Anfrage tätig. Kontakt nehmen entweder die Lehrer oder die Eltern und meist telefonisch auf. Die Integrationsberater besuchen die Interessenten in der Regel in deren häuslichem Umfeld. Manche Eltern haben sich schon für den Spagat-Weg entschieden, andere brauchen noch Informationen. **Lukas Alton:**

> »Wir erläutern den Teilnehmern unsere Arbeit. Wir haben zum Beispiel eine DVD, die wir zusammen anschauen können, wir informieren über Fördermöglichkeiten seitens des Landes und über die finanziellen Ansprüche. Wir besprechen den Ablauf des Vermittlungsprozesses mit Zukunftsplanung und Unterstützungskreis, fragen, wie viel Zeit pro Woche jemand arbeiten möchte, und versuchen die Dringlichkeit einzuschätzen: Muss es sofort sein oder haben wir länger Zeit? Wir stecken also die Rahmenbedingungen ab, und wenn die Eltern und die Teilnehmer diesen Weg einschlagen möchten, nehmen wir die Anmeldung vor.«

Diese Anmeldung besteht in einem offiziellen Antrag auf Integrationsbeihilfe an das Land. Er ist die Grundlage für eine Finanzierung der Spagat-Leistung während der Schulzeit und danach. Anders als in Deutschland bezahlt das Land Leistungen des Dienstes schon vor dem Berufseintritt: Sie beinhalten die vorbereitenden Maßnahmen wie Persönliche Zukunftsplanung, Unterstützungskreis sowie die Begleitung während der Schnupperpraktika. Voraussetzung für die Gewährung der Mittel ist eine realistische Perspektive auf Arbeitsaufnahme. Solange diese gegeben ist, kann die Assistenztätigkeit auch längere Zeit in Anspruch nehmen. Die Mindestschulzeit in Österreich liegt bei neun Jahren. In der Regel wird ein zehntes Jahr aufgestockt. Jugendliche mit Behinderungen absolvieren es meist in einer Berufsvorbereitungsklasse. Wenn die Perspektive danach noch nicht eindeutig ist, kann das Jahr noch einmal wiederholt werden. In manchen Fällen ist dies auch aufgrund der Entwicklungsverzögerung des Jugendlichen erforderlich, der zu diesem Zeitpunkt oft erst 16 Jahre alt ist.

Berufsvorbereitungsklassen sind in der Regel in einem sonderpädagogischen Zentrum oder in einer Sonderschule angesiedelt. Wenn Teilnehmer einen integrativen Schulweg gewählt hatten und aus einer Hauptschule kommen, müssen sie dazu vorübergehend an die Sonderschule wechseln. **Birgit Werle:**

> »Das empfinden viele als Zumutung. Sie sagen: ›Ich wechsele doch nicht von der Hauptschule in die Sonderschule, dann gehe ich lieber gleich arbeiten.‹ Und dann merken wir schon, dass es oft zu früh ist. Zum Teil grenzt das an Kinderarbeit. Die sind einfach noch sehr, sehr jung. Ein Schüler kann aber auch bereits mit 15 ins Berufsleben eintreten.«

Um Schüler und Eltern bei der Arbeitsaufnahme zu unterstützen, existieren in Österreich sogenannte Clearing-Stellen. Sie informieren darüber, welche Angebote es gibt, und helfen bei der Auswahl. Diese Aufgabe hat das Land privaten Institutionen übertragen. Die Clearing-Stelle muss bei der Beauftragung von Spagat eingebunden sein.

Im Einzelfall kann Spagat zu diesem Zeitpunkt oder später den Diagnostikbereich des Instituts für Sozialdienste einbeziehen. **Birgit Werle:**

> »Wir nutzen die Diagnostik, wenn wir nicht sicher sind, was jemand kann oder will, oder bei speziellen Fragestellungen. Die Kollegen verwenden neue und gute Testverfahren, die zwei bis drei Tage in Anspruch nehmen können. Anschließend überlegen wir gemeinsam, was man aus den Ergebnissen machen kann. Solche Tests brauchen einen klaren Auftrag, und dann können sie sehr hilfreich sein. Wir nutzen sie aber nur in

begründeten Einzelfällen, es gibt keine regelmäßigen Gutachten, die keiner braucht.«

Wenn jemand aus der Werkstatt zu Spagat wechseln möchte, steckt dahinter entweder der eindeutige Wunsch des Teilnehmers oder die Überzeugung des Betreuers, dass die Aufnahme einer Arbeit auf dem allgemeinen Arbeitsmarkt möglich und sinnvoll sein kann. In der Regel wird dabei die Hilfeplankonferenz eingeschaltet. Sie steuert die Zugänge zur beruflichen Teilhabe. Ihre Teilnehmer sind ein Vertreter des Fördergebers, also des Landes, der betroffene Klient sowie die Vertreter der betroffenen Institutionen. Möchte ein Werkstattbeschäftigter Spagat-Leistungen in Anspruch nehmen, wird eine solche Hilfeplankonferenz mit Spagat- und Werkstättenvertretern einberufen.
Birgit Werle:
> »Wir setzen dann einen Zeitrahmen, in dem der Übergang stattfinden soll. Das kann ein halbes Jahr sein oder auch ein Jahr, und dann gibt es wieder eine Hilfeplankonferenz, in der man sich das Ergebnis ansieht.«

Zielgruppen

Das österreichische Werkstättensystem ist zweigeteilt. Es unterscheidet Produktions- oder Fachwerkstätten, bei denen die Arbeit im Mittelpunkt steht, und sogenannte Kreativ- oder Förderwerkstätten, die eher Tagesstrukturierung bieten. Spagat ging es bei seiner Vermittlungstätigkeit vor allem um den Personenkreis aus Förderwerkstätten, also um diejenigen, die vom Arbeitsmarkt am weitesten entfernt waren. Die ersten acht von Spagat vermittelten Jugendlichen hatten einen sonderpädagogischen Förderbedarf und eine attestierte Leistungsminderung von bis zu 90 Prozent. An der Zielgruppe hat sich seither nichts geändert. **Elisabeth Tschann:**

>»Das war die Herausforderung unseres Projekts, mit den Schwächsten anzufangen und denen eine Perspektive zu bieten, von denen niemand glaubte, dass sie arbeiten könnten.«

Die Aufnahme in die Vermittlungstätigkeit durch den Dienst setzt drei Bedingungen voraus: Sonderpädagogischer Förderbedarf, hoher Hilfebedarf und die Notwendigkeit einer dauerhaften Unterstützung durch einen Mentor im Betrieb. Die Praxis bewies, dass das von Spagat entwickelte Konzept für diesen Personenkreis tatsächlich griff. Spagat-Leiterin **Birgit Werle** ist noch immer überrascht, wie bereitwillig die Betriebe auch schwierige Situationen mittragen. Ihre Erfahrung:

>»Wenn ein Arbeitsverhältnis gescheitert ist, dann in der Regel deshalb, weil ein Teilnehmer nicht mehr wollte. Er fand heraus, dass dies nicht sein Job war, er wollte vielleicht gar nicht arbeiten. Vielleicht gab es

auch ein Verhaltensproblem, etwa ein Gewaltpotenzial, das nicht ganz einschätzbar war.«

Für Personen mit mehr als 50 Prozent Leistungsfähigkeit, die als erwerbsfähig gelten, greifen in Österreich andere Hilfen als für »nicht Erwerbsfähige«. Für sie gibt es spezielle Eingliederungsfachdienste, die sie auf den Arbeitsmarkt vermitteln und zeitlich begrenzt begleiten. Sie erhalten einen Lohnkostenzuschuss, aber keine dauerhafte Unterstützung oder Begleitung durch einen Mentor. Einige dieser Vermittelten sind deshalb von Entlassung bedroht und in solchen Fällen suchen die Verantwortlichen immer häufiger Hilfe von Spagat. **Birgit Werle:**

> »Es kommen verstärkt Menschen auf uns zu, die schon im Arbeitsprozess sind und einen geschützten Arbeitsplatz haben, bei denen die Begleitung aber nicht mehr ausreicht. Wenn die Erkrankung der Teilnehmer sich verschlimmert oder ihre Leistungsfähigkeit sinkt, drohen sie aus dem Arbeitsprozess herauszufallen. Dann wird gesagt, mit Spagat könnte es eigentlich wieder funktionieren.«

Manche dieser Teilnehmer stören sich am Vorgehen von Spagat. Sie wollen keinen Unterstützungskreis, sondern möchten, dass der Fachdienst die Arbeitsplätze selbst akquiriert. **Birgit Werle:**

> »Wir merken, dass unser Weg in solchen Fällen nicht immer akzeptiert wird. Aber wenn die Zusammenarbeit gelingt, und sie gelingt meistens, dann gehen wir auch nach unserem Konzept vor und sind damit in der Regel auch erfolgreich.«

Der Spagat-Personenkreis umfasst vor allem Menschen mit geistigen Beeinträchtigungen, gelegentlich auch Personen mit sehr schweren körperlichen Behinderungen, während der Personenkreis mit psychischer Erkrankung nur in Ausnahmefällen vermittelt wird, und zwar dann, wenn es um Doppeldiagnosen oder Grenzfälle geht.

»Wenn ich etwas will, setze ich es meistens durch.«

Fabian Kastner:
Nach mehreren Anläufen der richtige Platz

Fabian Kastner ist Heavy-Metal-Fan. Es gibt kaum ein Konzert im Umkreis von 300 Kilometern, das er auslässt. Ausgerechnet dieser hartgesottene junge Mann hat seinen Platz als Helfer in einem Kindergarten gefunden. Zwei Jahre arbeitet er dort schon, allerdings nach einigen Umwegen. »Als ich aus der Schule kam«, erzählt er, »hat mein Vater für mich eine Arbeitsstelle gesucht. Er besitzt ein Restaurant in Bludenz, und dort sollte ich in der Küche eine Lehre machen. Das hat aber nicht geklappt, genauso wenig wie der nächste Versuch in der Küche eines Hotels. Dann kam ich zu Spagat. Auch die haben es erst mit mir in einer Küche versucht, im Sozialen Zentrum hier in Bürs. Mittlerweile hatte ich keine Lust mehr auf das ewige Kartoffelschälen, ich konnte es nicht mehr sehen. Der nächste Arbeitsplatz war der Bauhof. Immer nur Wege säubern, das war auf Dauer zu anstrengend. Außerdem kannte ich mich nicht so gut aus. Der Druck war zu groß, weil ich zu langsam war. Hier im Kindergarten ist es sehr viel besser, vor allem weil ich mit meiner Mentorin so gut auskomme.«

Die Mentorin ist Martina Zimmermann. Sie hat Fabian Kastner schon beobachtet, als er noch in der Küche des Sozialzentrums war. »Wir haben unser Essen immer von der Gemeinde bekommen. Da ist uns Fabian bereits aufgefallen. Wir hatten den Eindruck, dass er dort unglücklich war. Als dann der Zwischenschritt mit dem Bauhof auch nicht gut verlief, haben wir uns überlegt ihn zu nehmen. Ich bin sicher, der Kindergarten tut ihm gut. Er hat viele Misserfolge einstecken müssen, aber hier ist er in der Rolle der erwachsenen Bezugsperson. Wir sind ein reines Frauenteam, und ein Mann hat uns gefehlt. Die Kinder mögen ihn sehr. Er ist jünger als die meisten von uns und eher auf ihrer Wellenlänge, auf einer Zwischenstufe zwischen Kind und Erwachsenem.«

Fabian Kastner hat noch eine zweite Bezugsperson bei der Arbeit, die Integrationsberaterin Sarah Küng von Spagat. Sie hat ihn in den ersten Wochen mit angeleitet und er hält große Stücke auf sie. »Sarah hat immer gesehen, wenn ich nicht gut zurechtkam und sie hat gesagt: ›Wenn etwas ist, Fabian, dann unterstützen wir dich, egal was du brauchst.‹«

Auch wenn es einige Zeit gedauert hat, hier im Kindergarten hat er seinen Platz gefunden. Fabian Kastner berichtet über seine Aufgaben: »Ich sorge dafür, dass es den Kindern nicht langweilig wird, ich spiele mit ihnen, lese vor, helfe ihnen beim Anziehen. Und dann muss ich natürlich viele andere Aufgaben übernehmen: Den Stuhlkreis vorbereiten, wischen und putzen, aufräumen, kopieren und die Post wegbringen.«

Martina Zimmermann ist mit ihrer Hilfskraft sehr zufrieden. »Sicher braucht Fabian manchmal Impulse, er ist nicht unbedingt selbstständig. Manchmal bleibt er bei einer Aufgabe hängen, wenn ihn etwas sehr beschäftigt. Aber was ich ihm übertrage, das übernimmt er auch, und er ist zuverlässig. Und auch den Kindern ist er eine Hilfe.« Seine Arbeitszeit geht von 8 bis 13 Uhr, montags hat er frei. »Ich habe eine Eigentumswohnung, die mir mein Vater gekauft hat«, sagt er. »Wenn ich nach Hause komme, dann treffe ich mich oft mit Rafael Babert, meinem Wohnassistenten. Er kommt vom Verein Leben in Selbstständigkeit. Wir kochen zusammen, er hilft mir Wäsche zu waschen oder Betten zu beziehen. Manchmal wünsche ich mir aber jemanden, mit dem ich zusammenleben kann, jemanden, mit dem ich mich gut verstehe, den ich kenne und mit dem ich über meine Probleme reden kann. Ich habe das Aufmerksamkeitdefizitsyndrom, das ist ein leichtes Handicap: Ich brauche viel Aufmerksamkeit. Um Leute zu treffen, gehe ich manchmal ins Einkaufszentrum. Es ist schön, wenn ich Leute sehe, die mich grüßen. Das ist eben die Aufmerksamkeit, die ich brauche.«

Und Fabian Kastner erzählt auch über seine Freundin. »Sie sitzt im Rollstuhl. Ich treffe sie im Restaurant und manchmal besuche ich sie auch. Sie ist eine ganz liebe, aber sie braucht auch viel Aufmerksamkeit.«

Einen jungen Mann mit einer Behinderung im Gruppendienst zu beschäftigen, war für Mentorin Martina Zimmermann nicht ganz einfach. Sie musste es den Eltern gegenüber begründen. »Wir haben einen Elternnachmittag angesetzt für unsere Gruppe. Dazu haben wir Sarah Küng von Spagat eingeladen, Fabians Vater, den Bürgermeister, weil er ja bei der Gemeinde angestellt ist, und natürlich Fabian selbst. Die Eltern wollten vor allem etwas über seine Behinderung wissen, sie wollten wissen, was hier seine Aufgabe sein wird, und es war ihnen wichtig, dass er nicht mit den Kindern allein gelassen wird. Insgesamt haben sie es aber recht positiv aufgefasst, und jetzt, nach zwei Jahren, gehört er für sie dazu. Mit den Eltern gibt es überhaupt keine Probleme und es gibt keine Nachfragen mehr.« Generell ist Martina Zimmermann der Meinung: »Menschen mit Einschränkungen brauchen eine Arbeit möglichst mitten in der Gesellschaft. Mittlerweile weiß ich, dass es nicht immer ganz einfach ist, es braucht Geduld und vor allen Dingen Bereitschaft sich darauf einzulassen. Wenn man die hat, dann ist es auch machbar.«

Fabian Kastner findet, dass sein Leben eine gute Wendung genommen hat. »Ich habe das im Griff«, sagt er. »Wenn ich etwas will, dann setze ich es meistens auch durch. Ich bin ein echter Dickschädel. Das mit dem Kindergarten, das kann gern so bleiben.«

Gesetzliche Grundlagen der Finanzierung

Erwerbsfähigkeit wird in Österreich bei Menschen mit Behinderungen durch eine Leistungsfähigkeit von mehr als 50 Prozent definiert. Für diesen Personenkreis ist der Bund zuständig und er erhält nach bundeseinheitlichen Regelungen Lohnkostenzuschüsse und personelle Hilfe bei der beruflichen Integration. Die personelle Unterstützung wird – zeitlich befristet – an Trägerorganisationen vergeben.

In der Förderung von behinderten Menschen, die als nicht erwerbsfähig gelten, gibt es, anders als in Deutschland, keine bundesweite Rahmengesetzgebung. Hermann Böckle: »Die Länder machen die Gesetze, und die unterscheiden sich voneinander. In manchen Ländern gibt es einen Rechtsanspruch auf bestimmte Leistungen, in anderen nicht. Bei uns in Vorarlberg gibt es keinen festgeschriebenen Anspruch. Das hätten wir in unsere Verwaltung nicht einbauen können. Dazu braucht man eine zweite Instanz, und die haben wir nicht. Wir sind außerdem der Ansicht, dass ein Gesetz schlank sein muss. Unsere gesetzliche Grundlage besagt, dass die Behindertenhilfe darauf ausgerichtet sein muss, die Teilhabe der Menschen am Leben der Gesellschaft zu stärken und die Selbstbestimmung zu fördern. Das ist unser Gesetz, und der Rest wird mit Verordnungen geregelt. Wir haben den größtmöglichen Spielraum, eigene Wege zu entwickeln. Die Deutschen sind uns voraus, was Perfektion anbelangt, dafür sind wir pragmatischer. Anders herum, wenn sich das Denken einmal verfestigt hat, ist es schwierig, davon wieder abzukommen.«

IfS-Geschäftsführer **Stefan Allgäuer** kann mit dem fehlenden Rechtsanspruch leben.

>»Wenn ein System in einem überschaubaren Raum funktioniert, dann schafft das gute Möglichkeiten, auch wenn es keinen Anspruch gibt. Bei uns hat das Land gesagt, wir wollen nichts festschreiben, wollen aber allen Betroffenen die nötige Hilfe geben. Diese Zusage haben wir genutzt. Für die nächsten zwanzig Jahre müssen wir diese Argumentation aber sicherlich umdrehen und dafür sorgen, dass der Bestand auch gesichert wird.«

Das Werkstattsystem ist in Vorarlberg anders organisiert als das deutsche. Werkstätten erhalten nach Pflegebedürftigkeit gestaffelte Kostensätze. Die behinderten Beschäftigten bekommen ein Entgelt zwischen 40 und 140 Euro. Sozialversicherungsbeiträge werden nicht entrichtet, krankenversichert sind die Werkstattbeschäftigten über die Eltern. Sie erhalten keine Rente, haben aber, wenn die Eltern verstorben sind, Anspruch auf eine Waisenpension. Diese Pension kann auch neben dem Werkstattentgelt gezahlt werden. Familien mit behinderten Kindern erhalten zusätzlich eine erhöhte Familienbeihilfe und in der Regel ein Pflegegeld. Das ist in sieben Stufen gestaffelt mit einer Spanne von 150 bis 1650 Euro. Spagat-Teilnehmer gelten, obwohl sie im Arbeitsmarkt tätig sind und Tariflohn erhalten, als nicht erwerbsfähig. Damit geht ihnen ihr Anspruch auf eine Waisenpension aber nicht verloren. Entsprechend ihrer Entlohnung zahlen sie Beiträge in die Kranken-, Renten- und Arbeitslosenversicherung. Verfügt jemand auf einem Spagat-Arbeitsplatz über ausreichend eigenes Einkommen, etwa durch eine Waisenpension, so erhält er keinen Lohnkostenzuschuss für seine Arbeit. Unberührt davon sind allerdings der Personalaufwand bei Spagat und der Mentorenzuschuss.

Finanzierung

Die Finanzierung einer Tätigkeit im Arbeitsmarkt nach dem Spagat-Modell basiert auf drei Säulen. Der Kostenträger übernimmt die Personalkosten der Spagat-Mitarbeiter, also die Assistenzkosten. Er subventioniert den Lohn der Beschäftigten in der Höhe ihrer Minderleistung – sie liegt zwischen 50 und 90 Prozent – und er zahlt Zuschüsse für die Betreuungsleistung durch Arbeitskollegen, die Mentorenzuschüsse. Die Gesamtkosten dürfen im Durchschnitt nicht teurer sein als die Kosten für entsprechende Werkstattplätze.

Allerdings sind in diesen Kosten Leistungen enthalten, die bei einer Werkstattbetreuung zusätzlich anfallen, deshalb trügt ein direkter Kostenvergleich. Die Werkstattkosten enthalten keine Hilfe zum Lebensunterhalt und keine Sozialversicherungsbeiträge. Sozialhilfe- oder Grundsicherungsleistungen erhalten Werkstattbeschäftigte zusätzlich, beim Spagat-Modell ist die Deckung des Lebensunterhalts in den Kosten enthalten.

Für die Zahlung von Lohnkosten- und Mentorenzuschüssen hat die Behörde in den vergangenen Jahren Standards entwickelt und auch Obergrenzen festgelegt. Die Berechnungen des Lohnkostenzuschusses basieren auf dem jeweiligen Mindestlohn der Branche, berücksichtigen die real geleistete Stundenzahl und werden auf der Basis von zwölf Gehältern pro Jahr berechnet. Der Nebenkostenanteil ist mit 50 Prozent angesetzt.

Die Einschätzung der Minderleistung wird in Dreijahresabständen neu begutachtet und wenn nötig korrigiert. Auch der Mentorenzuschuss ist der Leistung beziehungsweise dem Unterstützungsbedarf angepasst und bezieht sich auf das reale Stundenkontingent. Das zugrunde gelegte Bruttogehalt des Mentors ist vereinheitlicht und auf ca. 2300 Euro festgelegt. Der maximale Zuschussbetrag liegt bei einer Vollzeittätigkeit des Betreuten bei 30 Prozent dieser Summe. Hat ein Spagat-Teilnehmer mehrere Arbeitsstellen, so fließt das Geld an den Anstellungsträger, der die Abrechnung im Sinne des Dienstverschaffungsvertrages mit anderen Arbeitgebern vornimmt.

Die Betreuungszeit durch den Integrationsberater wird ebenfalls anfänglich festgelegt und verringert sich entsprechend dem realen Aufwand. In einigen Fällen läuft sie später aus. Seit 2009 ist auch die Gesamtsumme, die Spagat abrechnen darf, begrenzt, unabhängig davon, wie viel Begleitung der Dienst real übernimmt. Diese Regelung entspricht der Vereinbarung mit Werkstätten, in der ebenfalls eine Höchstplatzzahl definiert ist.

Die Finanzierung der Spagat-Leistung in der Schule schlägt mit ca. 50 Stunden im Jahr zu Buche, ein Durchschnittswert, der im Einzelfall differieren kann. Genutzt wird die Zeit für persönliche Zukunftsplanung, Organisation des Unterstützungskreises und Begleitung von Schnupperpraktika. **Elisabeth Tschann:**

> »Dieses Geld ist gut angelegt, denn Schule und Spagat arbeiten in dieser Zeit Hand in Hand, die Grundlagen werden gelegt und es passiert sehr viel mit erstaunlich wenig Aufwand.«

Die Tatsache, dass Spagat-Teilnehmer über die Lohnkostensubvention nicht auf Sozialhilfe angewiesen sind, sondern ihr Geld selbst verdienen, hat weitreichende Konsequenzen. **Elisabeth Tschann:**

»Der Tariflohn, der über die umgewandelte Grundsicherung subventioniert wird, gibt den Leuten Selbstbewusstsein und persönliche Entwicklungsfreiheit. Ein junger Mann hat als Spagat-Teilnehmer seinen Job verloren, er bekommt jetzt Arbeitslosengeld. Vorher galt er als nicht arbeitsfähig und es wurde auch nichts für ihn eingezahlt. Für ihn bestimmt seine Behinderung jetzt nicht mehr sein Leben. Er bekommt Lohn, von dem er alle Ausgaben selbst bestreiten kann. Viele Menschen mit Behinderung sind es gar nicht gewohnt, etwas bezahlen zu müssen. Für sie sind viele Dinge – wie der öffentliche Nahverkehr – quasi umsonst. Wir müssen es ihnen dann erklären: Für den Bus zu zahlen, ist für uns alle normal. Und wenn ich auf eine Weiterbildung gehe, muss ich das auch selbst bezahlen. Da entsteht eine andere Verantwortung dem eigenen Leben gegenüber.«

Ministerialmitarbeiter **Hermann Böckle** bestätigt das:

»Volkswirtschaftlich ist Spagat eindeutig das bessere Modell. Und dadurch, dass die Betroffenen ihren Lebensunterhalt selbst bestreiten, können sie ihr persönliches Potenzial stärker entwickeln und führen ein Leben wie andere Menschen auch. Deshalb liegen wir mit unserem Ansatz im Sinne der Inklusion und der Behindertenrechtskonvention sehr im Trend.«

»Das Betonieren kann völlig aufhören.«
Im Gespräch mit Hermann Böckle, Fachbereichsleiter Integrationshilfe der Landesregierung Vorarlberg

Herr Böckle, was ist Ihre Funktion bei der Landesregierung?
Ich bin Fachbereichsleiter für Integrationshilfe – in Deutschland würde man wahrscheinlich Behindertenhilfe sagen – im Land Vorarlberg. In dem Bereich bin ich auch zuständig für sozialpolitische Themenstellungen, für die Bereitstellung und Weiterentwicklung von Leistungsangeboten, für die Budgetierung und Evaluation und in meinem Bereich auch für den Vollzug. Sämtliche Anträge, die da kommen, kommen hierher. Weil wir mit 370 000 Einwohnern ein kleines Land sind, lässt sich das auch an einer Stelle mit nur wenigen Mitarbeitern machen.

Waren Sie schon an der Planungsphase von Spagat beteiligt?
Nein, da war ich noch nicht dabei. Das war im Rahmen eines EU-Projektes, da gab es acht Beschäftigte. In der Pilotphase waren es sehr wenige Arbeitsplätze, 2010 hatten wir schon 201 Personen.

Vielleicht der wichtigste Punkt zuerst: Wie verhalten sich die Kosten für Spagat-Arbeitsplätze im Vergleich zu den Werkstattplätzen?
Die Kosten für einen Spagat-Platz liegen im Schnitt bei 80 Prozent, manchmal bei 70 und manchmal bei 90 Prozent der Kosten einer Werkstätte. Das schwankt ein bisschen, wobei das natürlich nicht nur eine Kostenfrage ist. Aber wir konn-

ten den Finanzreferenten sagen: Die Personen, die wir im offenen Arbeitsmarkt haben, wären sonst in Werkstätten, und da würden sie mehr kosten als jetzt. Es gibt aber eine klare Richtlinie und die heißt: Es darf im Schnitt nicht teurer werden als die Werkstätte. Das gebe ich knallhart vor.

Diese Vorgabe bezieht sich auf den Durchschnitt?
Ja, im Durchschnitt. Das ist auch in der Werkstätte so. Dort kann der eine sehr aufwendig sein und einen kompletten Mitarbeiter für sich brauchen. Der andere ist total pflegeleicht, knüpft seinen Teppich, malt sein Bild und braucht halt wenig Aufwand. Bei dieser Durchschnittsberechnung vergleiche ich alle Kosten für die Arbeitsplätze und bei den 201 Spagat-Arbeitsplätzen die gesamten Kosten: Lohnkostenzuschüsse, Mentorenzuschüsse und die Spagat-Assistenz. Die Gesamtkosten werden durch diese Arbeitsplätze geteilt.

Sie schauen nicht auf die Arbeitszeiten?
Nein, die gehen nicht in die Berechnung ein. Es ist aber richtig: Die stationären Angebote bieten Betreuung. 40 Stunden lang bin ich voll versorgt, werde abgeholt, wenn Bedarf ist. Manchmal fahren sie auch selber in die Werkstätte, aber die meisten holt man ab und bringt sie wieder nach Hause. Es ist ein Betreuungsmodell für 40 Stunden mit allem Drum und Dran und das kann ich nicht vergleichen mit einem Inklusionsmodell, das bedeutet: Leben wie alle anderen auch. Für uns ist wichtig: Solange das in der Behindertenhilfe keine höheren Kosten verursacht, ist das kein Problem, wenn es angemessen ist und man Entwicklungen erkennen kann.

Sie haben eine Gleichwertigkeit zwischen dem stationären Weg der Werkstätten und dem ambulanten Weg von Spagat hergestellt. Können Sie das hier im Land so frei entscheiden?

Ja. In Deutschland ginge das sicher nicht, denn es gäbe noch Bundestöpfe und die zuständigen Stellen müssten einbezogen sein. Auch bei uns gibt es noch andere Töpfe für die berufliche Integration. Das sind auch zum Teil Bundesmittel, etwa die Mittel des Arbeitsmarkt-Services. Aber in den Werkstätten und bei Spagat gelten ja die Behinderten als von vornherein nicht arbeitsfähig, als nicht in den Arbeitsmarkt integrierbar und deswegen würden wir für sie keine Mittel aus diesen Töpfen bekommen. Ihre Leistungsfähigkeit liegt meist nur bei 10 oder 20 Prozent. Für diesen Personenkreis liegt die Zuständigkeit ausschließlich auf Länderebene, es ist immer unser Geld. Ob sie in der Werkstätte arbeiten oder draußen, die Kosten für sie sind immer bei uns angesiedelt. Und neben der politischen Überzeugung, die wir vertreten, wissen wir auch, dass der Weg in den offenen Arbeitsmarkt nachhaltig kostendämpfend ist. Wir machen das ja schon zehn Jahre. Klar ist aber auch: Spagat beschäftigt nur Personen, die sonst in Werkstätten wären.

Wie sind bei Ihnen Werkstattbeschäftigte entlohnt und wie sind sie rentenversichert?

In den Werkstätten gibt es ein Taschengeld zwischen 40 und 140 Euro. Pensionsversichert sind die Werkstattbeschäftigten durch die Eltern.

Wer nicht arbeitsfähig ist und keine Chance hat, einen eigenen Anspruch zu erwerben, hat Anspruch auf eine Waisenpension. Wenn die Eltern gestorben sind, wenn er erst 40 ist, bekommt er die Vollwaisenpension, auch wenn er daneben ein Taschengeld bezieht. Diese Variante gilt auch für Spagat-Mitarbeiter, die ebenfalls juristisch als nicht arbeitsfähig betrachtet werden. Ihre Beschäftigung gilt nicht als vollwertiges Arbeitsverhältnis. Da versuchen die Juristen Brücken zu schlagen, damit das nicht zu ihrem Nachteil wird. Aber jetzt diskutiert man darüber, eine pensionsversicherte Abrechnung zu organisieren, damit sie ihre eigene Pension erwerben. Da sind wir gerade dabei. Ich kann im Moment nicht sagen, wie das ausschaut. Wir sind mitten in den Gesprächen.

Nach der UN-Konvention müssten die Kostenträger konsequent die inklusiven Formen von Arbeit und Beschäftigung fördern.
Das ist richtig. Und die Logik der Integrationshilfe ist ja die: Weder die Werkstätten haben einen Anspruch auf das Geld noch Spagat, sondern es steht den Betroffenen zur Verfügung. Es ist Geld, das ihnen Hilfestellung gibt, am Leben in der Gesellschaft teilhaben zu können. Im Mittelpunkt steht also die Teilhabe, und zwar ihnen angemessen. Werkstätten oder Spagat sind lediglich der Weg oder das Mittel dahin. Ich kann also mit den Werkstätten Kostensätze vereinbaren, einen Rahmen stecken, aber wenn keine Kunden kommen, dann nützt das nichts. In meinen Augen reicht unsere Anzahl der Werkstattplätze auch völlig aus. Ich nenne die stationären Anbieter immer liebevoll die Betonierer, weil sie so viele Betonprojekte in die Landschaft bauen. Meiner Ansicht nach kann man mit dem Betonieren völlig aufhören und wegkommen von dieser Einrichtungsorientierung, das Ganze offener gestalten. Vor zwei Jahren habe ich den stationären Anbietern eine Platzzahl vorgegeben und habe sie seither nicht mehr erhöht. Da ist der Deckel drauf, weil die stationären Anbieter natürlich immer dazu tendieren, ihre Herr-

schaft auszubauen, ihr Königreich zu vergrößern. Aber trotz des Wachstums von Spagat haben sich die Werkstättenplätze auch nicht verringert, sie liegen immer noch bei ca. 400. Im Moment ist es noch so: Man kann am Morgen anrufen und hat am Nachmittag einen Werkstattplatz.

Sie haben auch einen Spagat-Arbeitsplatz hier in der Landesverwaltung?
Ja, den haben wir eingerichtet. Anfangs war das nicht so einfach. Der Spagat-Assistent musste uns unterstützen und hat für den Betroffenen einen Arbeitsbehelf gemacht, damit er weiß, was er zu tun hat. Wenn ich im Büro bin, dann kommt er, hat seine Checkliste und arbeitet sie ab, tauscht die Gläser und die Tassen aus, wenn hier mal Besprechungen sind. Das ist immer wichtig. Und ich schau manchmal und sage: »Jetzt hast du wieder nicht die Tassen geputzt.« Und dann sagt er: »Du säufst zu viel.«

Es gibt auch Spagat-Arbeitsplätze bei People First?
Ja, die People First Gruppe haben wir gegründet. Das kam nicht von allein. Die Lebenshilfe hat ihre eigenen Werkstättenvertreter und Wohnheimvertreter. Diese hier sind unabhängig, kommen nicht aus einer Richtung. Und die People-First-Plätze sind auch Spagat-Arbeitsplätze mit Lohnkostenzuschüssen. Die haben eine Tätigkeit, haben ein Einkommen. Es sind sieben Personen, sechs Halbtagsstellen. Sie sind angestellt und haben jeweils zu dritt einen Mentor respektive Unterstützer, so nennen sie das. Die haben zwei Büros, eins in Bludenz und eins in Dornbirn. Wenn wir Themen diskutieren und wissen möchten, was die lernbehinderten Leute dazu denken, dann fragen wir sie. Früher sind die Geschäfts-

führer gekommen – insbesondere der sehr engagierte Geschäftsführer der Lebenshilfe – und haben abgewogen, was die Betroffenen wollen, was die Eltern wollen und was die Einrichtung will. Rausgekommen ist fast immer das, was die Einrichtung will. Ich hab gesagt: Ihr kommt mir vor wie die Heilige Dreifaltigkeit, alles zusammen in einer Person. Heute ist das kein Thema mehr. Der Geschäftsführer kommt nicht und sagt mir, was die Betroffenen wollen. Sie selber sagen, was sie möchten. Und ich brauche dafür keine eigene Förderungsschiene zu eröffnen. So haben sechs Personen einen Arbeitsplatz mit einem Unterstützer. Das ist viel wert.

Berufliche Orientierung in der Schule

Bis zur Jahrtausendwende war die Situation in Vorarlberg nicht anders als überall in Österreich oder Deutschland. Schüler mit geistiger oder Mehrfachbehinderung wechselten aus den Sonderschulen in die Werkstätten. Vorab absolvierten sie dort ein Praktikum, in wenigen Fällen hospitierten sie auch in anderen Betrieben. Der Zugang zum Arbeitsmarkt galt als nahezu ausgeschlossen.

IfS-Spagat begriff den Übergang von der Schule ins Berufsleben als entscheidende Weichenstellung und setzte hier den Hebel an. Das gilt bis heute, wenngleich mittlerweile auch Quereinsteiger und Personen hinzukommen, die aus Werkstätten in den Arbeitsmarkt wechseln. Die Mehrzahl der Spagat-Teilnehmer kommt nach wie vor direkt aus dem Schulbereich.

Das österreichische Schulsystem unterscheidet zwei Sonderschultypen: Die Allgemeine Sonderschule für Kinder mit dem sogenannten »ASo-Bedarf«. Diese Schulform ist vorgesehen für Schüler mit Lernbehinderungen, die einen Unterstützungsbedarf in verschiedenen Fächern aufweisen. Daneben gibt es die Sonderschule für die so genannten S-Schüler, das sind Kinder mit einem speziellen Förderbedarf. **Günther Mair,** Lehrer an der UNESCO-Schule in Bludenz, beschreibt diesen Personenkreis so:

»S-Schüler sind beispielsweise Schüler mit Downsyndrom, aber auch solche mit stärkeren Körperbehinderungen. Unter diesem Typ sind verschiedene so schwerwiegende Behinderungsformen zusammengefasst, dass die Betroffenen eine spezielle Beschulung benötigen.«

Die allgemeine Schulpflicht beträgt in Österreich neun Jahre. Kinder ohne Behinderung absolvieren die Grund- und Hauptschule und ein neuntes Schuljahr im sogenannten Polytechnikum. Sonderschulkinder können bis zu zwölf Jahren an der Schule bleiben. Kinder in Integrationsklassen haben die Möglichkeit, nach dem achten Schuljahr noch ein bis zwei Jahre in sogenannte Übergangsklassen an den sonderpädagogischen Zentren zu gehen. Viele Eltern lehnen dies jedoch ab, sodass die »Integrationskinder« oft schon sehr früh auf den Arbeitsmarkt wechseln. **Doris Schneider,** Mutter von Christoph Schneider und eine der Spagat-Pioniere des Elternvereins Integration Vorarlberg:

> »Christoph hat schon mit 17 Jahren angefangen zu arbeiten. Er war damals das einzige Kind mit Behinderung, das altersgerecht eingeschult wurde, und war deshalb nach der Pflichtschulzeit eben noch sehr jung. Er hat die Volksschule und Hauptschule besucht, das neunte Schuljahr in einer integrativen Klasse. Für das Polytechnikum war er damals noch zu jung, er wäre dort überfordert gewesen. Deshalb hat er mit 17 schon geschnuppert und dann die Stelle im Spar-Markt bekommen, die er heute noch hat.«

Das Spagat-Angebot der Schnupperpraktika ist nicht direkt mit der beruflichen Orientierung der Schule verflochten. Spagat-Mitarbeiter kommen nicht in den Unterricht, aber Lehrer verweisen gegebenenfalls auf Spagat. Auf Elternabenden erklären dann Integrationsberater das Angebot. Die Eltern melden ihre Kinder offiziell beim Dienst an: Mit diesem formalen Akt können Spagat-Leistungen bereits während der Schulzeit vom

Land übernommen werden. Immer mehr Eltern nehmen in der Orientierungsphase die Wahlmöglichkeit ernst und lassen die Jugendlichen sowohl in der Werkstatt wie auch über Spagat im Arbeitsmarkt schnuppern.

Üblicherweise werden diese Kontakte in der vorletzten Schulklasse geknüpft, sodass ca. eineinhalb Jahre Zeit zur Verfügung stehen. Ziel ist ein unmittelbarer Übergang nach Ende der Schulzeit in eine berufliche Tätigkeit im ersten Arbeitsmarkt. Spagat-Integrationsberater **Lukas Alton:**

> »Im Idealfall beginnt jemand nach den Sommerferien, also im September, zu arbeiten, vielleicht sogar schon früher. Das ist aber nicht immer so. Gegenüber den Werkstätten hat die Spagat-Vermittlung für die Eltern Nachteile: Zum Beispiel bieten wir keinen Fahrdienst, der die Menschen morgens von zu Hause abholt und abends wieder hinbringt. Das wissen die Eltern aber, wenn sie ihr Kind anmelden.«

In etwa 80 Prozent der Fälle wird eine unmittelbare Anschlussperspektive nach Schulabschluss erreicht. Gelingt dies nicht, muss eine Übergangsmöglichkeit gefunden werden. **Lukas Alton:**

> »Wer zu Hause wohnt und die Aussicht auf einen Job in zwei oder drei Monaten hat, für den kann man das gut überbrücken. Wenn es länger dauert, schauen wir, ob er andere Angebote nutzen kann, beispielsweise über den Verein Füreinand. Er bietet einen Jugendtreff für Menschen mit und ohne Behinderung, dreimal in der Woche am Nachmittag. Wir erstellen also einen Wochenplan, was er in dieser Zeit machen kann. Schnuppern gehört dazu. Die Eltern übernehmen Aufgaben und eben der Verein. Meistens gelingt es dann doch in absehbarer Zeit, jemanden zu vermitteln.«

15 Jahre nach dem Start von Spagat wechseln ca. 70 Prozent der Jugendlichen mit besonderem Förderbedarf, also Schüler der »S-Schulen«, über Spagat in Betriebe des ersten Arbeitsmarktes. Dieser enorme Erfolg ist vor allem darauf zurückzuführen, dass die Lehrer das Spagat-Angebot schätzen.

»Wir haben immer einen sehr wertschätzenden Umgang mit den Lehrern gepflegt und viel Verständnis für das System bewiesen, in dem sie arbeiten«, berichtet **Elisabeth Tschann.**

»Unsere Botschaft lautete: Schule und Spagat sind zwei unterschiedliche Systeme, die zusammenarbeiten müssen. Sie stehen unter unterschiedlichen Bedingungen und es gibt kein besseres oder schlechteres System. Wir haben den Lehrern signalisiert, dass wir ihre Arbeit sehr schätzen und dass wir sie brauchen. Als wir Erfolgsbeispiele aufweisen konnten, ging es dann auch viel einfacher. Die Lehrer haben unseren Erfolg auch als ihren verbucht: Sie haben jahrelang intensiv mit diesem Mädchen oder Jungen gearbeitet, und jetzt ist etwas aus ihm geworden. Die positiven Beispiele sind die kraftvollen. Es ist letzten Endes ein Gewinn für beide Seiten.«

Spagat richtet aber auch Forderungen an die Sonderschule. **Elisabeth Tschann:**

»Manche Lehrer betrachten die Schule lediglich als eine Form der Tagesstrukturierung. Sie vergessen, dass die Schule ein Ort ist, wo man möglichst viel Lern- und Erfahrungsangebote machen muss. Je schwerer die Behinderung, umso mehr müssen die Kinder lernen, um möglichst selbstständig leben zu können.«

Lehrer **Günther Mair** sagt, wie er und seine Kollegen Spagat sehen:

»Spagat wird von den Kollegen, vor allem den Berufsorientierungslehrern, sehr geschätzt. Unser Ziel als Lehrer ist es, dass die Kinder in eine normale Umwelt eingegliedert werden können, und da bietet Spagat Chancen, die die Werkstätten nicht haben. Die Lehrer sind froh, wenn sich Möglichkeiten auftun, die sie selbst nicht herstellen können. Das Angebot trifft auf fruchtbaren Boden. Wir sind auf Spagat angewiesen und auch die Eltern sind es, denn sie sind mit der Organisation von Praktika überfordert. Darum sind Spezialisten so wichtig, die professionelle Unterstützung leisten und Kontakte knüpfen.«

Die eingespielte Zusammenarbeit zwischen Spagat und Lehrern drückt sich auch darin aus, dass viele Lehrkräfte in den Unterstützungskreisen mitwirken.

»Spagat ist für die Schulen ein wichtiger Partner geworden.«
Im Gespräch mit Günther Mair,
Lehrer an der UNESCO-Schule in Bludenz

Herr Mair, Sie arbeiten an der Bludenzer UNESCO-Schule. Welcher Schultyp ist das?
Das ist eine Mittelschule. Bis vor Kurzem nannte man das Hauptschule, jetzt haben sie etwas Namenkosmetik betrieben.

Ist es eine integrative Schule?
Nicht ausgewiesenermaßen: Vier Klassen werden zurzeit integrativ geführt, es gibt aber auch Jahrgänge ohne Integrationsklassen. Ich arbeite im Moment in einer achten Klasse, einer Abschlussklasse mit fünf Integrationskindern, darunter einem Downsyndrom-Kind.

Gibt es in Österreich nur acht Jahre Schulpflicht?
Es gibt noch ein neuntes Schulpflichtjahr, aber das wird außerhalb der Mittelschule durchgeführt, in der sogenannten polytechnischen Schule.

Das heißt, dass Schüler schon mit 15 Jahren die Schule verlassen?
Ja, das ist das normale Einstiegsalter ins Berufsleben. Wenn man ins duale System geht, also eine Lehre mit Berufsschule macht, dann ist das mit 15 möglich. Neun Pflichtschuljahre sind die Regel. Man kann auch eine weiterführende Schule

besuchen. Bis zum Abitur wären es nach der Mittelschule noch vier bis fünf Jahre.

Wie ist die Schuldauer bei behinderten Kindern?
Wenn sie einen besonderen Förderbedarf haben, können die Kinder bis zu 12 Jahren im Pflichtschulbereich bleiben.

Was ist das Besondere an Ihrer Schule?
Wir sind eine Regelschule, die sehr viel im Schulversuch macht. Aufgrund der Integrationsklassen haben wir vor 16 Jahren begonnen, mit offenem Unterricht zu arbeiten, aber eben als Regelschule. Von den Noten und von den Inhalten her sind wir kompatibel mit allen anderen.

Seit wann haben Sie Kontakt zu Spagat?
Von deren Beginn an. Als wir die erste Integrationsklasse hatten, war klar, dass drei von diesen Kindern nicht in einen normalen Beruf eingegliedert werden konnten. Spagat war gerade im Entstehen und wir haben Kontakt aufgenommen. Spagat war für Kinder da, die nach dem Schulbereich einer speziellen Hilfe bedürfen.

Seither hat Spagat sehr an Bedeutung gewonnen.
Ja, das Projekt hat sich sehr entwickelt und ist für die Schulen ein wichtiger Partner geworden. Es ist ja unser Ziel als Lehrer, dass die Kinder in einer normalen Umwelt eingegliedert werden, und Spagat schafft Möglichkeiten, die die Werkstätten nicht bieten. Wir Lehrer sind froh über solche Möglichkeiten, das trifft auf fruchtbaren Boden. Spagat setzt ganz bewusst in den Schulen an.

Die Spagat-Mitarbeiter sind auch auf die Schulen angewiesen.
Man kann nicht früh genug anfangen, den Kontakt herzustellen, denn die Eltern sind oft überfordert. Darum ist es richtig, dass es Spezialisten gibt, die diese Unterstützung übernehmen. Das entlastet die Eltern und auch uns Lehrer.

Suchen Sie auch Praktika für Ihre Schüler?
Nein, das ist nicht die Aufgabe der Schule. Die Aufgabe der Schule ist es in dem Fall, den Kontakt zwischen der Organisation Spagat, den Eltern und dem Kind herzustellen, um auf die Art der Benachteiligung einzugehen und Praktika oder Arbeitsplätze zu suchen. Die Schule ist kein Arbeitsplatzvermittler.

Aber Sie bieten im Unterricht berufliche Orientierung?
Ja, wir haben das Fach Berufliche Orientierung und wir bieten auch den Kindern mit Lernschwierigkeiten immer die Möglichkeit, herauszugehen und mit einem Berufsfeld in Verbindung zu kommen. Das kann auch eine beschützende Werkstätte sein. Zum Beispiel war gerade das Kind mit Downsyndrom aus unserer Klasse in einer Werkstätte, um zu schauen, ob das der richtige Platz ist.

Wie ist es bei den Kindern im Regelbereich?
Genauso. Wir geben zunächst einmal Informationen und bieten dann die Möglichkeit zu Schnuppertagen. In der achten Schulstufe findet am Anfang des Jahres ein Schnuppertag für alle Kinder statt. Diejenigen, die ihre Pflichtstunden eingelöst haben, können noch drei- bis viermal schnuppern gehen.

Ein Schnuppertag ist wirklich nur ein Tag?
In der Regel ist es ein Tag: Wenn man von Jänner bis Mai mehrmals schnuppern geht, dann genügt es schon, wenn es ein oder zwei Tage sind, um etwas auszutesten. Längere Zeiten haben sich bis jetzt noch nie ergeben.

Bei Spagat gibt es die Unterstützungskreise für die Bewerber. Sind Sie da auch schon einmal angefragt worden?
Ich wurde zweimal gefragt, habe dann aber gesehen, dass ich eigentlich ein wenig fehl am Platze bin. Ich habe gesagt, wenn ich etwas beitragen kann, komme ich gern. Es hat sich aber gezeigt, dass, wenn es um die Zukunft geht, das Zurückblicken auf die Schulzeit nicht so hilfreich ist.

Koppeln sich die Integrationsberater von Spagat mit Ihnen als Lehrer zurück?
Eigentlich nur in der Übergangsphase bis Mai. Danach haben wir nicht mehr allzu viel miteinander zu tun. Ich kriege manchmal noch eine Rückmeldung, wie es läuft, aber prinzipiell ist die Arbeit mit der achten Schulstufe beendet.

Welche Auswirkung hat die Vermittlung in Betriebe auf die Jugendlichen?
Es kann den Menschen nur gut tun, wenn sie in einem ganz normalen Umfeld sind. Früher war das im Arbeitsbereich nicht möglich, deswegen war die Einrichtung von Werkstätten keine schlechte Idee. Aber ich würde Arbeitsplätze in normalen Firmen auf jeden Fall vorziehen. Es gibt nichts Besseres als voneinander zu lernen. Und zwar bitte auch die Normalen von den Behinderten: Das Denken ohne Filter, die Offenheit, das Auf-Leute-Zugehen, das tut uns allen gut.

Und deswegen sollte man diesen Weg gehen, wenn es irgend möglich ist. Das wird sicher nicht immer der Fall sein und in Krisenzeiten sind solche Plätze vielleicht auch schwer zu bekommen. Wenn aber eine Möglichkeit auf dem Arbeitsmarkt besteht, sollte man sie nutzen.

Sollen Werkstätten in Österreich auch auf den Arbeitsmarkt vorbereiten?
Ja, diesen Auftrag haben sie bei uns auch. Aber wenn ich eine Werkstätte habe, überführe ich die Menschen natürlich nicht mit aller Kraft in ein Arbeitsverhältnis auf dem Arbeitsmarkt. Das muss man einfach so sagen, ohne jemandem etwas Böses zu unterstellen.

Eltern müssen sich bei Spagat viel mehr engagieren als in der Werkstätte.
Ja, das müssen sie und das bedeutet eine zusätzliche Belastung. Manche Eltern sind müde. Sie gehen lieber den Weg der Werkstatt und sagen: Da kann ich sicher sein, dass mein Kind es gut hat, Werkstätten bieten eine gute, verlässliche Betreuung. Und das kann ich auch verstehen.

Mittlerweile haben über 300 Spagat-Betriebe in Vorarlberg Erfahrung mit integrativen Arbeitsverhältnissen. Hat sich dadurch gesellschaftlich etwas verändert?
Ich glaube, dass der Umgang mit behinderten Personen insgesamt besser geworden ist und dass die Organisation schon etwas erreicht hat. Es ist aber noch viel zu tun. Es gibt noch immer viele Umgangsschwierigkeiten bei »normalen Bürgern«, die Kontaktmöglichkeiten sind immer noch zu gering. Aber Spagat spielt meiner Ansicht nach eine wichtige

Rolle und das Image, das sich die Organisation erarbeitet hat, ist, glaube ich, weitgehend positiv.

Die UN-Konvention zielt ja zuallererst auf Integration im schulischen Bereich ab. Hat dort die Integration mehr Bedeutung gewonnen?
Ja, eindeutig. Zwei Drittel der Eltern geben heute ihre Kinder in eine offene Schule. Ein Drittel sucht weiterhin den konservativen Weg über sonderpädagogische Zentren und von dort geht es auch eher in die Werkstatt. Ich hatte gehofft, als dies in den 80er-Jahren Thema wurde, dass diese Zentren sich auf Dauer auflösen und dass die Fachlehrer, teilweise hervorragende Leute, in die offenen Schulen wechseln. Das ist nur zum Teil geschehen, die Zentren existieren immer noch. Allerdings muss man das Verhältnis in den Klassen auch gut definieren, sodass beide gleichermaßen Verantwortung übernehmen können, damit das funktioniert.

Gilt dieselbe Überlegung auch für Gruppenleiter in den Werkstätten?
Ich glaube, dass das gute Pädagogen sind, die auch die Betreuung in Firmen übernehmen können. Sie müssen vielleicht wieder lernen, in normalen Betrieben zu arbeiten.

Persönliche Zukunftsplanung

Der Einstieg in die Spagat-Vermittlung ist immer eine erste Kontaktaufnahme durch die Teilnehmer oder durch deren Angehörige. Anschließend besucht ein Integrationsberater die Familie und informiert über Spagat. Wenn sich die Betroffenen für diesen Weg entscheiden, hilft er beim Ausfüllen des Erhebungsbogens und beim Beantragen der Kostenübernahme durch das Land. Der nächste Schritt ist die Persönliche Zukunftsplanung. Sie findet zu Hause oder in der Schule statt. Integrationsberater **Lukas Alton** dazu:

»Ich setze mich mit dem Teilnehmer zusammen. Für Menschen, die nicht sprechen können, haben wir Vorlagen wie Bilder und Dreamcards, Materialien, die vor allem Stefan Doose entwickelt hat. Jeder Integrationsberater hat sein Repertoire. Wir schauen, was die Träume dieser Person sind und was dahintersteckt. Wie sieht sich die Person in ein oder zwei Jahren, was ist ihr großer Wunsch?«

Das Vorgehen ist individuell. Bei Teilnehmern, die lesen und schreiben können, spielen die Kärtchen keine besondere Rolle, bei ihnen steht das Gespräch im Vordergrund. Die Ergebnisse werden protokolliert. Die Persönliche Zukunftsplanung kann im häuslichen Umfeld, aber auch in der Schule stattfinden. In der Regel geht es um das Thema Arbeit, in Einzelfällen aber auch um Wohnen oder Freizeitgestaltung. Jeder Teilnehmer legt eine Mappe an, die ihn während des gesamten Vermittlungsprozesses durch Spagat begleitet. **Lukas Alton:**

»In dieser Mappe sammelt die Person ihre Protokolle oder die Bilder, die ihre Wünsche darstellen, Fotos vom Schnuppern; Fotocollagen von einer Firma. Einfach alles, was für den Prozess eine Rolle spielt. Diese Mappen haben für die Teilnehmer eine große Bedeutung. Sie beweisen: Ich habe aktiv an diesem Prozess teilgenommen, habe geplant, beobachtet und dokumentiert. Der Vermittlungsprozess war nicht außengesteuert, sondern es ist mein eigener.«

Zu diesem Zeitpunkt, etwa eineinhalb Jahre vor Ende der Schulzeit, sind die Berufswünsche oft noch wenig realistisch oder detailliert. Die Teilnehmer haben noch keine Erfahrung in der Arbeitswelt, deswegen sind es häufig Wünsche, die von der Umgebung geprägt sind. Es sind Personen, die ihnen imponiert haben, Rollen, in denen sie sich gern sehen würden.

»Jemand kann äußern, er möchte Bademeister oder Pilot werden. Dahinter steht vielleicht der Wunsch, im Rampenlicht zu stehen, eine Uniform zu tragen«, erzählt **Lukas Alton.**

»Eine meiner Klientinnen wollte Polizistin werden und erst allmählich sind wir darauf gekommen, was hinter diesem Wunsch steckte: Sie hatte einmal eine Polizistin gesehen, die einen Hund an der Leine führte. Man muss also genau hinhören, darüber sprechen und feststellen, was hinter diesem Traum steckt. Wir müssen uns davor hüten, ihn gleich zu verwerfen, sollten nicht sagen, Polizistin kannst du nie werden. Stattdessen sollten wir sehen, was die Person daran fasziniert. Falls jemand wirklich Polizist werden möchte, würde ich versuchen, mit ihm in einer Polizeidienststelle oder einer Polizeischule zu schnuppern. Auch dort gibt es ja Tätigkeiten, die ein Mensch mit Behinderung machen kann, auch wenn er kein ausgebildeter Polizist wird.«

Die Ergebnisse der Zukunftsplanung sind die Arbeitsbasis des Unterstützungskreises. Sie sind Anhaltspunkte dafür, was die Person selbst möchte, was ihre Wünsche und Vorstellungen sind. Im weiteren Verlauf werden sie sehr ernst genommen.

Bei **Lukas Alton** dauert die Persönliche Zukunftsplanung oft nur zwei Stunden. Er sagt:

> »Ich bin kein Freund davon, lange Sachen an die Wand zu malen. Mir geht es darum, schnell in die Praxis zu gehen. Dann sehe ich, wo die Besonderheiten sind, was jemandem gefällt, was ihm liegt und was er an Hilfsmitteln braucht.«

Unterstützungskreis

Der Unterstützungskreis ist der Dreh- und Angelpunkt des Spagat-Konzepts und macht einen wesentlichen Teil seines Erfolgs aus. Die Idee der Unterstützungskreise stammt aus dem Konzept der Persönlichen Zukunftsplanung. Dort soll er helfen, die Wünsche und Vorstellungen einer Person zu verwirklichen. Spagat wandelte die Idee ab und gab dem Kreis vor allem die Funktion, Kontakte zu Arbeitgebern herzustellen und Schnupperpraktika zu ermöglichen. Freunde und Bekannte aus dem Umkreis der Familie mit ihren vielfältigen Kontakten als Unterstützer heranzuziehen, birgt deutlich mehr Vermittlungspotenzial als die alleinigen Akquise-Bemühungen durch Fachdienstmitarbeiter oder Eltern. Mit relativ geringem Zeitaufwand entsteht eine Fülle von Schnupperideen und die Unterstützer übernehmen es, die Erstkontakte herzustellen.

Der Unterstützungskreis folgt in zeitlich engem Abstand auf die Persönliche Zukunftsplanung. Das Vorgehen wird während der Zukunftsplanung bereits besprochen. Die Teilnehmer sind auch in dieser Phase die Akteure. Sie benennen Personen, die sie in den Unterstützungskreis berufen möchten. Aufgabe des Integrationsberaters ist es sicherzustellen, dass die Mischung stimmt.

»Wir achten darauf, dass in dem Kreis unterschiedliche Sichtweisen und Blickwinkel bezüglich der Person vertreten sind, dass dort Menschen sitzen, die sie aus unterschiedlichen Situationen kennen«,

meint **Lukas Alton** und **Birgit Werle** ergänzt:

»Wir versuchen, auch Leute in die Unterstützungskreise hereinzuholen, die mit dem Betreffenden vielleicht weniger vertraut sind, die aber viele Kontakte haben, Leute, die in der Netzwerkarbeit nützlich sein können.«

In der Regel gehören zu diesem Kreis zwischen fünf und 15 Personen. Sie werden vorab vom Teilnehmer schriftlich eingeladen, etwa mit der Formulierung: »Ich möchte arbeiten und ich will, dass du mich dabei unterstützt. Ich brauche deine Hilfe bei der Ideenfindung und bei der Suche nach Schnupperplätzen.« Die Sitzungen finden meist während der Woche in den frühen Abendstunden statt. Der Ort wird so gewählt, dass die Person sich dort wohlfühlt. In der Regel ist dies das Elternhaus oder die Wohngruppe. Wenn der Kreis größer ist, kann es auch einmal ein Gasthof sein. Und wenn der Unterstützte jemanden nicht einladen möchte? **Birgit Werle:**

»Wenn ein Teilnehmer beispielsweise einen Onkel ablehnt, kann es schon problematisch sein. Wir versuchen darauf Rücksicht zu nehmen und dennoch einen funktionierenden Unterstützungskreis zusammenzubringen.«

Die Dauer der Sitzung liegt zwischen eineinhalb und zweieinhalb Stunden. Auch hier gilt wieder das Prinzip der Effektivität. Die Sitzung soll die Teilnehmer nicht belasten, der Aufwand muss vertretbar sein.

Der Ablauf der Sitzung ist klar strukturiert: Zunächst begrüßt der Teilnehmer oder, wenn dieser sich nicht in der Lage sieht, der Integrationsberater die Versammlung. Er umreißt das Ziel der Sitzung und den Ablauf. Es folgt die Vorstellung von IfS-Spagat, seine Zielen und Aufgaben. Der erste Punkt beschäftigt sich mit den Fähigkeiten, Stärken und Interessen der Person. Sie werden auf einem Flipchart festgehalten. Ganz bewusst geht es nicht um Schwächen oder Einschränkungen. Der nächste Punkt betrifft die Rahmenbedingungen für die Arbeitsaufnahme. Die Fragestellungen lauten: Was soll oder darf ein Chef von mir wissen? Was benötige ich an Hilfe? Dann erstellen die Teilnehmer eine allgemeine Ideensammlung für mögliche Tätigkeitsfelder. In welchen Bereichen kann die Person arbeiten? Den Anfang machen die eigenen Wünsche. Die Sammlung soll möglichst unterschiedliche Berufssparten abdecken. Aus dieser allgemeinen Liste entwickelt sich eine Liste mit konkreten Ideen für Schnupperpraktika. Es werden Betriebe benannt, die Kontaktperson festgehalten, ein Zeitrahmen festgelegt. Mit diesen Selbstverpflichtungen ist der offizielle Teil beendet. Oft folgt noch ein inoffizieller Teil in Form eines lockeren Zusammenseins.

Ist das Protokoll erstellt, bekommt der Teilnehmer die Flipchartbögen. Oft hängen sie noch lange in seinem Zimmer. **Lukas Alton:**
> »Ein solcher Unterstützungskreis ist für die Teilnehmer eine wahre Feedbackdusche. Es werden so viele Stärken und Fähigkeiten genannt, wie sie sonst in dieser Dichte selten zurückgespiegelt werden.«

Das Protokoll versendet der Integrationsberater an jeden Teilnehmer der Sitzung.

Der Unterstützungskreis ist keine einmalige Zusammenkunft, er begleitet den Teilnehmer auch nach der Arbeitsaufnahme, versteht sich als ein Gremium, das hilft, auftretende Probleme zu lösen. Er unterstützt die Eltern dabei, die Unsicherheiten eines Berufsweges außerhalb von Versorgungsinstitutionen zu bewältigen.

»Das ist ein wichtiger Teil unseres Konzeptes«,
kommentiert **Birgit Werle**.
»Der Unterstützungskreis ist ein Netz, das man immer wieder nutzen kann, wenn man es braucht. Es kann sein, dass ein Jahr lang kein Kreis notwendig ist, weil alle sagen, im Moment ist das nicht erforderlich, aber dass man später wieder einen einberuft, um zu sehen, was seither geschehen ist. Die Frage könnte beispielsweise lauten: Passt dieses Arbeitsverhältnis tatsächlich optimal zu der Person? Dann lädt man eventuell den Mentor oder den Arbeitgeber dazu ein.«

Das Netzwerk aus Unterstützern kann Abläufe beschleunigen oder Schwierigkeiten bewältigen, an deren Lösung die Integrationsberater scheitern könnten. Dies gilt nicht nur für mögliche Schnupperpraktika und die Kontaktaufnahme mit Betrieben, sondern auch bei Fragen der Beförderung zum Arbeitsplatz. Hier wird vielleicht der zuständige Linienbusfahrer einbezogen, der die Person kennenlernt, ihre Besonderheit begreift und vielleicht die entscheidende Unterstützung gibt, die für das Gelingen des Arbeitsverhältnisses notwendig ist. Für die Eltern ist dies eine große Beruhigung.

Isabella Bereuter: Mit 16 drei Berufe

Isabella Bereuter hat mit ihren 16 Jahren drei Arbeitsplätze, dabei arbeitet sie nur 15 Stunden in der Woche. Was für andere eine Überforderung sein könnte, ist für Spagat-Mitarbeiter normal: »Ich arbeite zehn Stunden in der Woche im Spar-Markt, zwei Stunden im Wirtshaus ›Zur Taube‹ und drei Stunden in der Spielgruppe Alberschwende.« Die junge Frau sagt dies mit einem Lächeln. Und sie ist tatsächlich eine sehr freundliche, meist fröhliche Person, dazu sehr kommunikativ.

Isabella Bereuter hat eine Sehbehinderung, aber sie hat gelernt, damit umzugehen. Mutter Annemarie Bereuter: »Schon in der Schulzeit hat sich Isabella immer sehr selbstständig bewegt. Auch zu ihren Arbeitsstellen fährt sie mit dem Bus.«

Dass es zu diesen drei Tätigkeiten gekommen ist, ist eine Eigentümlichkeit des Spagat-Konzepts. Integrationsberaterin Martina Kleber hat die junge Frau schon während ihrer Schulzeit begleitet: »Isabella war zunächst auf der integrativen Volks- und Hauptschule und hat ihr neuntes Schuljahr dann in der integrativen Haushaltsschule in Bezau absolviert. Kochen, Hauswirtschaft und Service gehörten zum Programm und natürlich die Berufsvorbereitung mit den Schnuppertagen.

Wir haben, wie das bei uns so üblich ist, einen Unterstützungskreis zusammengerufen. Die Eltern waren dabei, die Tanten, eine Nachbarin, eine Patin und eine Freundin. Wir hatten eine Vielzahl von Praktikumsideen, die Isabella ausprobiert hat: Altersheim, Friseur, Heimwerkermarkt, Tierarzt, Textilgeschäft, Drogerie und eben den Spar-Markt, die Spielgruppe des Kindergartens und das Wirtshaus. Diese drei Tätigkeiten sind zum Schluss übrig geblieben.« Mutter Annemarie Bereuter ist glücklich: »Spagat ist ein unschätzbarer Verbündeter. Als Eltern hätten wir die Arbeitsstellen gar nicht finden können.« Auch den Unterstützungskreis sieht sie als Gewinn. »Am Anfang haben wir uns gar nicht so viel davon versprochen, aber die Runde brachte tatsächlich unglaublich viele gute Ideen. Alle, die dabei waren, haben sich engagiert. Jeder brachte seine Kontakte ein, und so kamen die vielen kleinen Schnupperpraktika zustande. Und das Netzwerk funktioniert bis heute.«

Isabella Bereuter berichtet, worin ihre Aufgaben bestehen: »Im Spar-Markt muss ich vor allem die Regale einräumen. In der ›Taube‹ bin ich zuständig für die Kinderecke, muss aufräumen, sauber machen und die Materialien wieder auffüllen. In der Spielgruppe helfe ich in der Küche und spiele auch mit den Kindern, vor allem mit den Zwei- bis Dreijährigen. Das ist meine Lieblingstätigkeit. Ich war selbst als Kind in dieser Spielgruppe und kenne noch viele von den Betreuerinnen.«

Martina Kleber weiß um Isabellas Schwierigkeiten: »Sie hat es aufgrund ihrer starken Sehbehinderung oft schwerer als andere Spagat-Teilnehmer. Wenn man Regale auffüllt, kommt es zum Teil auf das Kleingedruckte an. Trotzdem hat sie es sehr schnell gelernt. Nur zwei Wochen war ich jeden Tag vor Ort, danach ging es schon ganz von allein.«

Ist es nicht schwierig, in drei Arbeitsfeldern heimisch zu werden? Isabella Bereuter verneint: »Ich habe eben sehr viele Kolleginnen und Kollegen, die ich mag und die mich mögen.« Dass die junge Frau ein vollwertiges Mitglied in ihren Teams ist, lässt sich daran ablesen, dass sie schon beim ersten Weihnachtsfest bei allen Feiern mit dabei war.

Mittlerweile gab es einen zweiten Unterstützungskreis, fast

genau ein Jahr nach dem ersten. Martina Kleber hat dieses Treffen sehr bewegt. »Wir haben gemeinsam geschaut, was aus unseren Ideen geworden war, und alle konnten die unglaubliche Entwicklung sehen, die Isabella in dieser Zeit genommen hat. Sie hat den Kreis allein moderiert, das war schon wie ein Wunder. Vor einem Jahr ging sie noch zur Schule, heute steht sie mitten im Arbeitsleben. Als uns klar war, was in dieser Zeit passiert ist, standen uns allen die Tränen in den Augen.«

Sind die nur 15 Stunden Tätigkeit für die Familie ein Problem? Mutter Annemarie antwortet: »Eigentlich hat sie gar nicht so viel Freizeit, sie muss ja immer eine Stunde lang zum Spar-Markt fahren. Isabella nimmt eine Menge Freizeitangebote wahr: eine Theatergruppe, bei der sie schon an Aufführungen mitgewirkt hat, den Schwimmtreff, den Tanzkurs und auch beim Frauenabend war sie schon dabei.«

Martina Kleber: »Für uns von Spagat spielt der Freizeitbereich eine große Rolle. Wir haben lange Zeit selbst Angebote und Treffen organisiert. Mittlerweile haben wir aber gesehen, dass uns das überfordert, wir versuchen wieder andere mit hineinzuziehen.«

Isabella Bereuters Leben ist ausgefüllt, sie ist in der Gemeinde bekannt und wird geschätzt. Mutter Annemarie: »Sie wurde ja integrativ beschult und kennt die Gleichaltrigen. Und heute arbeitet sie halt auch hier. Jeder achtet ein wenig auf sie. Einmal ist ihr der Bus weggefahren, und da hat gleich jemand angerufen. Ich habe aber nichts unternommen, sie hat halt einfach den nächsten Bus nehmen müssen.«

Dass Isabella mit ihrer Arbeit Geld verdient, ist bei so viel Normalität schon fast selbstverständlich. Etwa 460 Euro bekommt sie für ihre 15 Stunden. »Das meiste davon spare ich«, sagt sie. »Ich brauche nicht viel, ich wohne ja noch zu Hause.«

Schnupperpraktika

Haben die Mitglieder des Unterstützungskreises den Erstkontakt mit den Betrieben hergestellt, nimmt der Integrationsberater möglichst zeitnah Kontakt auf: in der Regel durch einen Anruf beim Firmenchef. Schnupperpraktika erstrecken sich über einen halben oder ganzen Tag, manchmal auch über zwei halbe Tage. In Einzelfällen besucht der Integrationsberater vorher den Arbeitsplatz:

»Ich mache es abhängig von der Art der Behinderung. Ist der Klient beispielsweise ein Autist, dann ist es für mich verpflichtend, vorher den Arbeitsplatz anzuschauen und den Klienten genau darüber zu informieren, was ihn dort erwartet, besser noch, ihm Bilder zu zeigen«,

erläutert **Lukas Alton.**

»In anderen Fällen reicht eine Besprechung mit dem Chef am Telefon. Manchmal hat es auch Vorteile, wenn man einfach hinkommt und sich vor Ort umschaut, kreativ nachdenkt und spontan Ideen produziert, welche Art von Arbeit der Klient verrichten soll. Manchmal ist ein solcher Arbeitsplatz mit dieser Zusammenstellung von Aufgaben noch gar nicht vorhanden. Die Tätigkeit muss aber für den Betrieb immer sinnvoll sein.«

Auch hier lautet das Grundprinzip, den Betrieb durch das Praktikum möglichst wenig zu belasten, keine unnötigen Hürden aufzubauen. Der Teilnehmer wird immer von seinem Integrationsberater unterstützt, die Kollegen müssen also keine Anleitung übernehmen. Wenn eine bestimmte Aufgabe getestet werden soll, kann ein gezieltes Timing sinnvoll sein:

»Bekommt ein Lebensmittelgeschäft immer am Dienstag oder Donnerstag neue Ware, dann vereinbaren wir ein Praktikum an einem dieser Tage und schauen, wie viel Unterstützung jemand dabei braucht und was er selbstständig machen kann«, sagt **Lukas Alton**.

Neben der Unterstützung liegt die Aufgabe des Integrationsberaters in der genauen Beobachtung. Er notiert akribisch, was schon klappt und was noch nicht und welche Bedingungen zum Erfolg führen. Er vermerkt die Gegebenheiten vor Ort und hält mögliche Ideen für Arbeitsaufgaben fest. Gespräche mit den Kollegen ergänzen seine Beobachtungen. Die Auswertung nimmt er mit dem Teilnehmer vor, der die eigenen Aufzeichnungen in seine Schnuppermappe heftet. **Lukas Alton:**

»Die Praktika bauen aufeinander auf. Am Anfang kenne ich den Klienten noch nicht so gut. Beim fünften Schnupperplatz weiß ich ungefähr, worauf es ankommt.«

Lukas Alton vereinbart pro Klient im Durchschnitt acht Praktika:

»Es können vier sein, aber auch sechzehn, je nachdem, was notwendig ist und wie kreativ der Unterstützungskreis war.«

In der Regel werden diese Praktika innerhalb von zwei bis drei Monaten absolviert und ausgewertet. Die Funktion dieser Kurzzeitpraktika ist noch nicht ein Hineinwachsen in den Betrieb oder das Austesten, welche Tätigkeiten jemand übernehmen kann. Es ist vielmehr ein Abgleich für beide Seiten, ob Betrieb und Person zueinanderpassen.

Schnupperpraktika erfahren ihre zeitliche Begrenzung durch den Zeitrahmen der Schule, durch das Zeitbudget der Berater und durch den Versicherungsschutz, der in dieser Phase noch auf einzelne Tage beschränkt ist. Spagat-Leiterin **Birgit Werle:**

»Wir haben aber auch die Möglichkeit, im Anschluss ein längeres Praktikum durchzuführen, oder, wenn der Arbeitgeber sich eine Übernahme bereits vorstellen kann, auch eine Arbeitserprobung anzusetzen. Das ist eine zeitlich begrenzte Anstellung, in der der Teilnehmer ein Gehalt bekommt, der Betrieb für die Mentorentätigkeit vergütet wird und die Versicherung auf einer besseren Basis steht.«

Auch bei den Teilnehmern von Lukas Alton schließen sich nach dem Durchlauf der Schnupperpraktika ein bis zwei vertiefende Praktika an, die bis zu drei Wochen dauern können. Praktika wie Arbeitserprobungen führen zu einer allmählichen Verselbstständigung.

»Es gibt dann schon einen Mentor am Arbeitsplatz, mit dem ich bespreche, auf was er achten soll. Anfangs bin ich noch die ganze Zeit über dabei, vielleicht in der ersten Woche, dann ziehe ich mich allmählich mit dem Ziel zurück, dass die Person möglichst ohne Hilfe auskommt und mit ihrem Mentor im Betrieb arbeiten kann«,
sagt **Lukas Alton**.

Die Schule ist in die Praktika nicht unmittelbar eingebunden, stellt aber die Schüler für die Schnuppertage frei. Der Schulunterricht zum Thema Übergang ins Arbeitsleben hält Themen bereit, die eher lebenspraktischer Art sind: Wie kaufe ich ein? Wie nutze ich den öffentlichen Nahverkehr?

Die Erfolgsquote der Schnupperpraktika mit anschließender Vertiefung liegt bei ca. 90 Prozent. Gelingt der Übergang noch nicht, wird eventuell noch einmal ein Unterstützungskreis anberaumt, aus dem sich neue Praktika ergeben. Die Teilnehmer analysieren aber auch, woran die Anstellung bisher gescheitert ist. **Lukas Alton:**

»Oft liegt es an der fehlenden Einstellung der Teilnehmer oder daran, dass vom Umfeld zu wenig Unterstützung kommt. In einem aktuellen Fall hat ein junger Mann nie gelernt, eine eigene Tagesstruktur zu entwickeln. Er erhält noch eine zweimonatige Chance, sich in einem Betrieb zu bewähren. Wenn dies nicht gelingt, gibt es als Alternative nur noch die Werkstatt.«

Die endgültige Entscheidung für einen Betrieb trifft der Teilnehmer. **Birgit Werle:**

»Der Klient gibt den letzten Ausschlag. Wo kann er sich eine Tätigkeit vorstellen, wo fühlt er sich wohl, was macht er am liebsten? Das hat das entscheidende Gewicht.«

Ein Beispiel für diese gelungenen Schnupperpraktika nennt **Doris Schneider,** deren Sohn Christoph Spagat vermittelte.

»Christoph hat im Lager eines Elektrogeschäfts geschnuppert und ein zweites Praktikum beim VKW gemacht, das ist das Kraftwerk in Bregenz. Aber der Weg dahin wäre für ihn auf Dauer zu weit gewesen. Sein wichtigstes Praktikum war das bei Spar, und es war schnell klar, dass dies sein Arbeitsplatz werden wird. Christoph redet gern, er ist kontaktfreudig, kommt mit Alt und Jung gut aus. Bei Spar hat er sich gut aufgehoben und verstanden gefühlt. Das war seine erste Arbeitsstelle, und jetzt nach zehn Jahren ist sie es immer noch. Der Arbeitsweg ist mit dem Bus gut zu bewältigen.«

Bildungsangebote

Spagat bietet seinen Teilnehmern fachtheoretischen Unterricht in sogenannten Berufskundegruppen an. Berufsschulunterricht wird für Spagat-Beschäftigte nicht gewährt, aber der Name ist an den Begriff der Berufsschule angelehnt. Die Gruppenstärke ist auf maximal acht Teilnehmer begrenzt. Die Gruppen finden vierzehntägig statt. In der Regel liegen sie am Nachmittag und dauern vier Stunden. Es sind regional organisierte Angebote, der Unterricht ist berufsbezogen. So gibt es Schwerpunkte in der Altenhilfe oder im Kindergartenbereich. Bisher wurde der Unterricht von Integrationsberatern oder Honorarkräften durchgeführt. Mittlerweile sucht Spagat die Kooperation mit Bildungsträgern und bezieht Fachkräfte ein, die beispielsweise in der Krankenpflege unterrichten und ihr Fachwissen auf diese Zielgruppe zuschneiden.

Daneben gibt es unter den Spagat-Beschäftigten eine hohe Nachfrage nach allgemeinen Bildungsangeboten. Auch hier bemüht sich der Dienst darum, die allgemein zugänglichen Kurse auch für Menschen mit Behinderungen zu öffnen. Spagat-Leiterin **Birgit Werle:**

»In Vorarlberg zahlt jeder Arbeitnehmer einen Pflichtbeitrag in die Arbeiterkammer ein. Dafür bietet die Kammer Bildungsmaßnahmen an. Sie hat gerade ein neues Bildungshaus gebaut, das aber bisher für Spagat-Teilnehmer keine Angebote bereitstellte. Das ändert sich nun: Ab Ende dieses Jahres gibt es dort auch Angebote für unsere Beschäftigten, einen Computerkurs und einen Sprachkurs, dazu einen einjährigen Kurs für Teilnehmer, die in sozialen Einrichtungen arbeiten. Der Unterricht wird über einen regulären Bildungszuschuss finanziert, wie dies bei anderen Arbeitnehmern auch der Fall ist. Uns ist wichtig, dass die Kurse nicht aus einem Sondertopf finanziert werden, sondern aus Mitteln, die allen Arbeitsnehmern zustehen.«

Neben der Bildung gibt es auch Angebote für Spagat-Teilnehmer in Freizeittreffs. Spagat schafft dafür den Rahmen, die Angebote aber führen Studenten durch.

»Es gibt solche Treffs in Dornbirn und Feldkirch, neuerdings auch in Bludenz. Dort kann man den Nachmittag oder den Abend verbringen: Ein pensionierter italienischer Flugzeugingenieur bietet zum Beispiel Italienisch- und Flugzeugbastelkurse an. Die Flugzeuge sind Holzmodelle, in die man sich hineinsetzen und die man lenken kann. Es gibt auch eine Play-Station und Tischfußball«,

berichtet **Lukas Alton**. Andere Freizeittreffs bieten Sportangebote oder gemeinsame Unternehmungen.

Aber auch die Möglichkeit, die Freizeit in Vereinen zu verbringen, nutzen die Spagat-Teilnehmer. **Birgit Werle:**

»Das passiert mittlerweile häufig. Wir brauchen beide Schienen, die integrative, aber auch die, bei der Teilnehmer sagen, wir möchten mal wieder unter uns sein und etwas gemeinsam machen.«

»Aus Beschützen und Vorgeben wird Begleiten und Erfahren.«
Im Gespräch mit Birgit Werle, Leiterin von Spagat

Frau Werle, wann sind Sie bei Spagat eingestiegen?
Mein Arbeitsbeginn war im September 1999. Ich bin in das bereits laufende Projekt eingestiegen. Zuvor arbeitete ich in einer Werkstätte der Caritas. Elisabeth Tschann kam auf mich zu und nach einem intensiven Gespräch war mein Interesse für Spagat geweckt.

Ist da jemand ausgestiegen?
Nein, die Projektphase sollte in ein unbefristetes Angebot der Behindertenhilfe Vorarlberg übergehen. Das bis dato regional begrenzte Spagat-Modell wurde auf alle Bezirke ausgeweitet. Ich kam dazu, weil in dieser Phase schon klar war, dass es weiterging. Der Auftrag lautete, Spagat im Bezirk Feldkirch und Bludenz aufzubauen und die Kontakte herzustellen.

Für diesen Bereich also ein Neuaufbau?
Ja, Neuland für alle Beteiligten. Für die Betroffenen selbst, für die Eltern, für die Lehrer und für mich.

Spagat hat die Lehrer offensichtlich sehr schnell für sich gewonnen. Wie haben Sie das geschafft? Durch die Einbindung in die Unterstützungskreise?
Für die Zusammenarbeit mit den Lehrern galt es in erster Linie

eine gute Vertrauensbasis zu schaffen. Dieses Vertrauen stieg mit den positiven Erfahrungen im Verlauf der Zusammenarbeit. Die Lehrer erfuhren Entlastung in ihrer Aufgabe, ihre Schüler in die Berufswelt zu begleiten. Nicht selbstverständlich war dabei ihr großes Engagement in den Unterstützungskreisen. Viele Schüler waren sehr stolz, dass ihre Lehrer mit dabei waren, und sie bedankten sich mit liebevoll gestalteten Einladungskarten oder selbst gemachten Kuchen.

Gibt es Familien, die lieber den beschützten Weg der Werkstatt wollen als die Unsicherheit des ersten Arbeitsmarktes?
Das kommt schon vor. Der Werkstattweg bedeutet in erster Linie mehr Sicherheit und mehr Klarheit. Gerade Eltern, die auf stabile Strukturen angewiesen sind, fürchten sich vor zu viel Ungewissheit. Spagat bedeutet immer ein bisschen Abenteuer.

Wahrscheinlich sind die Eltern aber auch miteinander in Kontakt?
Ja, das ist ein wichtiges Thema. Die Vernetzung der betroffenen Eltern ist uns ein großes Anliegen. Wenn Eltern berichten, wie sich aus ihrer anfänglichen Angst immer mehr Sicherheit entwickelt hat, schöpfen andere Eltern Mut und es entstehen Bilder, wie eine integrative Zukunft aussehen könnte.

Die Lohnkostensubvention ist für deutsche Verhältnisse erstaunlich hoch angesetzt, mit bis zu 90 Prozent, manchmal sogar darüber. Ist das mit der realen Arbeitsleistung abgeglichen?
Die Einschätzung der tatsächlichen Arbeitsleistung orientiert sich daran, was ein Mitarbeiter ohne Behinderung zeitgleich leisten würde. Aber auch der Begleitungs- und Assistenzbedarf wird berücksichtigt. Nach dieser Einschätzung wird der

Zuschuss bemessen und für eine bestimmte Zeit bewilligt. Die Zuschüsse variieren daher stark. Manche Arbeitsplätze benötigen nur 50 bis 60 Prozent Lohnkostenförderungen. Das Modell darf nicht zu Lasten der Betriebe berechnet sein. Spagat ist eine Maßnahme für Personen, die nicht an wirtschaftlich verwertbarer Leistung gemessen werden. Sind Arbeitgeber bereit, die notwendige Unterstützung und Begleitung zu bieten, darf nicht auch noch eine finanzielle Belastung hinzukommen. Sonst kämen die Betriebe in eine Wohltätigkeitsrolle, die dort nicht hingehört.

Wie akquirieren Sie die Betriebe für Ihre Schnupperpraktika? Bei der Hamburger Arbeitsassistenz gibt es Spezialisten für Akquisition.
Spezialisten haben wir ebenfalls. Diese Spezialisten finden sich im Umfeld der Betroffenen. Diese Unterstützer verfügen über keine spezielle Ausbildung, aber über Ideen, Kontakte oder einfach das richtige Gespür. Dass eigens geschulte Personen diese Aufgabe übernehmen, das kann ich mir nicht vorstellen, das funktioniert meiner Meinung nach nicht wirklich gut.

In Hamburg offenbar wohl …
Unsere Erfahrungen zeigen, dass persönliche Anfragen von Teilnehmern der Unterstützungskreise ein wesentlicher Faktor im Modell Spagat sind. Am besten geht es über informelle Kontakte. Eine direkte Anfrage bei Mitarbeitern von Firmen. Man erzählt von der Idee der Unterstützungskreise und von der Person, die gerne einmal schnuppern würde. Die Erfahrung zeigt, es ist um ein Vielfaches schwieriger, wenn eine Institution, ein anonymer Dienst anklopft, beispielsweise ein Mitarbeiter vom Institut für Sozialdienste.

Dabei hilft sicher auch, dass es nur um einen einzigen Schnuppertag geht. Die Betriebe verpflichten sich erst einmal zu nichts.

Das ist richtig. Türen öffnen sich leichter, wenn das Schnuppern zunächst unverbindlich ist, kurzzeitig, versichert und begleitet.

Mich hat die Kürze der Praktika anfangs allerdings verblüfft. In Deutschland dauern Praktika Wochen, manchmal Monate. Aber nur für einen Tag oder manchmal noch nicht einmal für einen Tag, das kam mir sehr kurz vor.

Bedingt ist das dadurch, dass die meisten unserer Teilnehmer noch in der Schule sind. Das bedeutet, dass reglementiert ist, wie viele Schnuppertage zur Verfügung stehen. Aber auch die Tatsache, dass Berater für mehrere Klienten da sind, erfordert eine gute Planung. Lieber eine kurze Zeit, die gut vorbereitet und begleitet ist. Da wird dann weder der Schnupperer, noch der Betrieb überfordert. Auch die Versicherung spielt eine Rolle. Für Klienten, die nicht mehr über die Schule versichert sind, nutzen wir die AUVA (Allgemeine Unfallversicherungsanstalt). Die ist aber auch auf wenige Tage beschränkt. Das heißt, oft sind es die Rahmenbedingungen, die das so vorgeben. Aber wenn sich Arbeitgeber und Teilnehmer mehr vorstellen können, dann folgt eine reguläre Arbeitserprobung. In dieser ist die Versicherungsfrage geklärt sowie das Gehalt und der Zuschuss geregelt.

Kann man nach einem Tag wirklich schon etwas sagen? Man braucht doch Zeit, um sich zu entfalten, die Tätigkeiten kennenzulernen, und erst dann kann man doch entscheiden.

Natürlich. Allerdings geht es um ein gegenseitiges Annähern. Passt die Aufgabe oder das Umfeld gar nicht, spürt man das recht schnell. Nach drei bis fünf Tagen hat man schon ein Gefühl dafür, ob es etwas werden könnte. Dann finden sich zusätzliche Ideen für Tätigkeiten und Aufgaben oder auch, wer die Mentorenrolle übernehmen könnte.

Wissen Sie, wie viele von denen, die über Spagat Schnupperpraktika machen, anschließend eine Arbeitsstelle finden?
Der Anteil ist sehr hoch, allerdings variieren der Zeitraum und die Anzahl der Schnupperplätze sehr. Manchmal geht es verblüffend schnell und manchmal unerklärlich lange. Gesamt gesehen, schätze ich, liegt der Erfolg bei fast 90 Prozent.

Die Idee, dass jemand mit einer schweren Einschränkung an mehreren Arbeitsplätzen tätig sein kann, ist für Außenstehende verblüffend. Wie ist das zustande gekommen?
Diese Idee ist wohl aus der Not entstanden. Als in kleinen ländlichen Strukturen nur wenige Arbeitgeber mit ausreichend Tätigkeiten gefunden werden konnten, entwickelten sich Ideen für diese Form der Kooperation. Vor allem wenn Betroffene selbst sagen, dass sie Abwechslung schätzen und flexibel sind. So kommt es, dass Personen völlig unterschiedliche Tätigkeiten ausüben. Sie sind dann beispielsweise am Montag beim Bäcker tätig, am Dienstag auf dem Gemeindeamt und den Rest der Woche in einer Autowerkstatt.

Das Selbstverständnis von Spagat ist es, nicht nur auf Arbeit spezialisiert zu sein, sondern auch für die soziale Einbindung im Wohn- und Freizeitbereich zu sorgen.
Arbeit ist ein wesentlicher Teil der Teilhabe von Menschen. Gelingt es, dort stabile Verhältnisse zu schaffen, beschäftigen sich die Unterstützungskreise mit den Fragen rund um die

Arbeit. Wie kann man die verbleibende Zeit strukturieren? Welche Unterstützung ist nötig, um Wohnen, Freizeit oder Bildung zu ermöglichen? Man kann die Bereiche nicht getrennt betrachten. Sind zu viele Fragen offen oder Situationen außerhalb der Arbeit unklar, leiden der Arbeitsplatz, der Betroffene oder das familiäre Umfeld.

Ist der Kostenträger damit einverstanden, dass Sie sich nicht eng auf das Arbeitsleben konzentrieren, sondern auch andere Bereiche abdecken?
Es geht dabei ja um arbeitserhaltende Maßnahmen. Wenn die soziale Einbindung nicht gegeben ist, dann funktioniert es langfristig nicht. Oft verändert sich daher der Schwerpunkt in der Begleitung und Beratung. Aus der anfänglichen Arbeitsassistenz vor Ort entstehen andere Vermittlungsaufgaben. Eine messerscharfe Trennung ist in der Praxis nicht möglich. Der Kostenträger sieht diese Zusammenhänge nicht immer auf den ersten Blick. Aber im Rahmen von gemeinsamen Hilfeplankonferenzen finden diese komplexen Fragen Platz.

Krisenintervention im privaten Bereich als arbeitserhaltende Maßnahmen?
Genau. Wenn die Teilnehmer keine passenden Freizeitangebote haben, wird alles am Arbeitsplatz abgeladen, dann kommen Mentoren oder Kollegen in überfordernde Situationen. Die Rolle der Mentoren darf nicht überstrapaziert werden, sonst sind anfangs gute Arbeitsbedingungen gefährdet. Das spielt schon eine wichtige Rolle.

Hat sich in Vorarlberg mittlerweile mehr Offenheit für das Thema Behinderung entwickelt? Hat Spagat die Gesellschaft verändert? Wenn ja, woran merkt man das?

Aus Spagat hat sich eine Bewegung entwickelt. Viele Meinungsbildungsprozesse wurden in Gang gesetzt. Immer öfter kennen Betriebe das Modell bereits, wenn wir dort nachfragen. Oder Mitarbeiter sind selbst bereits Mitglieder in Unterstützungskreisen. Auch Arbeitgeber vernetzen sich und geben ihre Erfahrungen weiter. Das ist schön zu erleben.

Was ist für Sie das Wichtigste an Spagat?

Der Wille, die Selbstbestimmung von Menschen ernst zu nehmen. Aus Beschützen und Vorgeben wird Begleiten und Erfahren. Wir kommen sicher auch an Grenzen, übersehen vieles, aber wir versuchen, dranzubleiben. Wir lernen ständig dazu und entwickeln uns weiter. Solange es unser Ziel bleibt, die Wünsche und Träume der Betroffenen zu verfolgen, sind wir auf einem guten Weg.

Arbeitszeiten der Teilnehmer

Eine Vollzeitbeschäftigung ist bei Spagat-Teilnehmern die Ausnahme. Das Minimum der wöchentlichen Arbeitszeit liegt bei 10 bis 12 Stunden, der Durchschnitt zwischen 16 und 25 Stunden. Verkürzte Arbeitszeiten sind gewollt. **Hermann Böckle,** in der Landesregierung zuständig für die Spagat-Förderung, sagt dazu:

> »Wir möchten, dass die Beschäftigten im Schnitt zwanzig Stunden in der Woche arbeiten. Es gelingt nicht auf einmal, sondern step by step. Wenn man den Arbeitsweg und die Mittagspausen mit berücksichtigt, ist damit ein großer Teil des Tages strukturiert.«

Das Abdecken der Betreuungszeit ist für manche Familien allerdings ein Problem. **Hermann Böckle:**

> »Wenn das familiäre oder soziale Umfeld das nicht mittragen kann, wenn es keine Vereinbarkeit gibt mit den anderen Lebensumständen, dann müssen wir eine Lösung suchen. Das gilt beispielsweise für alleinstehende Mütter, die einen 40-Stunden-Job haben und den auch brauchen. Viele Mütter trauen ihren Söhnen oder Töchtern nicht zu, dass sie allein daheimbleiben. Dasselbe Problem haben wir bei Wohneinrichtungen, selbst wenn die noch so gut sind. Die Mitarbeiter wollen nicht, dass man den Bewohnern einen Schlüssel gibt. Dabei könnten die doch ein Mittagsschläfchen halten. So sind halt die mütterlichen oder fürsorglichen Einrichtungen in ihrer Struktur. Das bedeutet, Spagat-Arbeitsverhältnisse brauchen ein gutes familiäres und soziales Umfeld. Ist das nicht gegeben, könnte es schwierig werden.«

Diese Bedingungen sprechen die Integrationsberater bei ihrem Erstgespräch bereits an, vor allem bei Teilnehmern, die zuvor in Werkstätten tätig waren: Deren Familien sind gewohnt, dass eine Tagesbetreuung sichergestellt ist. **Birgit Werle:**

> »Für die Familie muss klar sein, dass der Teilnehmer oder die Teilnehmerin erst allmählich auf eine Vollzeittätigkeit kommt, dass dies ein längerfristiger Prozess ist und dass es vielleicht gar nicht möglich sein wird, die ganze Woche mit Arbeit abzudecken. Dann muss die Familie eine klare Entscheidung fällen.«

Für die meisten Teilnehmer ist eine Halbtagsbeschäftigung ausreichend. Sie nutzen die Zeit, um anderen Tätigkeiten nachzugehen oder persönliche Kontakte zu pflegen. **Birgit Werle:**

> »Wo persönliche Kontakte fehlen, würden die meisten am liebsten vierzig Stunden am Arbeitsplatz verbringen, weil sie dort ihre sozialen Bezüge haben. Die Herausforderung für unsere Arbeit liegt dann darin, Kontakte außerhalb der Arbeitsstruktur aufzubauen.«

Christoph Schneider findet seine Arbeitszeit ideal. Seine Mutter erzählt:

> »Er fängt morgens um sieben an, arbeitet bis mittags und zweimal in der Woche auch am Nachmittag. Mittags isst er immer daheim, er fährt nur wenige Minuten mit dem Bus zur Arbeit, kann um zwölf nach Hause kommen und fängt eventuell um zwei Uhr wieder an. Wenn er den Nachmittag frei hat, dann schläft er mittags und arbeitet am Nachmittag auf dem Hof bei uns mit. Das ist für alle Beteiligten eine sehr gute Lösung.«

Mathias Bertel:
Vier Arbeitsstunden täglich reichen

Wenn Annie Amann die ersten Wochen, die Mathias Bertel im Altenheim gearbeitet hat, mit der heutigen Zeit vergleicht, dann urteilt sie: »Es ist ein Unterschied wie Tag und Nacht. Am Anfang war er schüchtern und hat kaum gewagt, etwas zu fragen. Das hat sich mittlerweile total gelegt. Mathias ist für uns alle wichtig, und ich glaube, wir sind es auch für ihn. Für die Firma ist er wirklich eine Bereicherung.«

Drei Jahre arbeitet Mathias Bertel nun schon im Alten- und Pflegeheim SeneCura, montags bis freitags immer von acht bis zwölf Uhr. Annie Amann ist die Verwaltungskraft des Heims und Mathias Bertels Mentorin. Zufällig wohnt sie auch in seiner Nachbarschaft.

»Ich kenne Mathias schon seit 14 Jahren«, sagt sie, »hatte aber früher keinen sehr engen Kontakt. Mathias war zum Schnuppern bei uns, ich habe ihn begleitet und gesehen, dass er zumindest in der Anfangszeit viel Unterstützung und feste Aufgaben brauchte, die er aber selbstständig ausfüllen wollte. Auch Spagat hat ihn dazu anfangs lange begleitet. Jetzt hat er seine Tätigkeiten gefunden und ist ein reguläres Mitglied im Team.« Mathias Bertel bestätigt: »Ich habe immer gut zu tun, die vier Stunden sind ausgefüllt, ich räume das Frühstück ab, putze die Tische, decke ein, mache Botentätigkeiten. Mehr als vier Stunden am Tag will ich aber nicht arbeiten, ich brauche meine Freizeit.«

Schweren körperlichen Anforderungen ist der schmächtige junge Mann nicht gewachsen. Er hat auch in einem Sägewerk, einer Försterei und einer Tischlerei geschnuppert. »Aber das war zu schwer für mich«, erinnert er sich. »Hier bei SeneCura bin ich genau richtig.«

Das gilt sicher auch in anderer Hinsicht. Mathias Bertel ist ein sehr kommunikativer Mensch. Er liebt es, mit den Bewohnern zu scherzen. Und auch im Team ist er beliebt. Integrationsberater Lukas Alton kennt noch eine andere Seite an ihm. »Mathias ist ein echter Discofreak«, verrät er. »Er tanzt leidenschaftlich gern und liebt es, beim Discjockey zu stehen. Eigentlich braucht er viel Schlaf, aber in der Disco kriegt ihn keiner vor dem Morgen nach Hause.«

Zum Thema Freizeit hat Spagat nach einem Jahr einen zweiten Unterstützungskreis ins Leben gerufen. Eingeladen waren Jugendliche, die mit Mathias Bertel zusammen die Volkshochschule im Hohenems besucht hatten. Über eine Anrufkette und über Facebook kamen tatsächlich zehn Jugendliche zu dem Treffen. Sie haben untereinander Aufgaben verteilt und organisieren für ihn im monatlichen Rhythmus Freizeit-Highlights: Den Besuch eines Weihnachtsmarktes oder eines Faschingsumzugs, Besuche in der Disco oder in einer Bar.

Lukas Alton berichtet von einem ganz besonderes Ereignis: »Als Mathias 18 Jahre alt wurde, hatte er gerade zuvor einen bekannten Discjockey kennengelernt. Der bot sich an, eine Geburtstagsparty für ihn zu organisieren. Es wurde ein Riesenerlebnis für alle Beteiligten: Ein Truck holte Mathias ab, an Bord Miss Vorarlberg und Miss Bodensee. Mathias wollte lieber beim Fahrer einsteigen. Der Discobesitzer schenkte ihm eine VIP-Karte für das ganze Jahr, die Familie und über 500 Leute feierten mit ihm gemeinsam seine Volljährigkeit.«

Das zweite Hobby, das Mathias hat, ist das Reisen. »Es ist gut, dass ich hier mein eigenes Geld verdiene«, sagt er. »Von den 700

Euro kann ich immer etwas für die Reisen sparen. Demnächst fahre ich mit meiner Mutter und mit meiner Schwester nach Lausanne zur Gynmaestrada.«

Mehrfacharbeitsplätze

Die durchschnittliche Arbeitszeit für Spagat-Teilnehmer liegt bei 20 bis 30 Stunden pro Woche. Oft ist diese Arbeitszeit noch aufgeteilt auf mehrere Beschäftigungsorte. Im Extremfall arbeitet jemand am Montag vielleicht in einem Steuerbüro, dienstags in einem Lebensmittelgeschäft, mittwochs im Kindergarten, donnerstags bei einer Zeitung und freitags im Seniorenheim.
Birgit Werle:
> »Das hängt mit der Bereitschaft der Betriebe zusammen, auch dann Arbeitsplätze zur Verfügung zu stellen, wenn sie nur wenige Aufgaben für eine Person haben. Sie sagen, einen Tag in der Woche können wir uns das vorstellen, mehr geht leider nicht. Dann überlegen wir, was die Person mit dem Rest der Woche tun kann und suchen mehrere Arbeitgeber, die Arbeit für den Teilnehmer haben.«

Voraussetzung ist allerdings, dass die Person einverstanden ist und dass sie die Mehrfacharbeit als Bereicherung und nicht als Belastung erlebt.
> »Diese Aufsplittung ist auch nicht die Regel. Weniger als 50 Prozent unserer Teilnehmer haben so einen Mehrfacharbeitsplatz«,

sagt **Lukas Alton** und führt einen weiteren Grund an:
> »Ist jemand beispielsweise verhaltensauffällig und arbeitet in einem Betrieb nur an einem Tag in der Woche, hat er eine längerfristige Perspektive, als wenn er fünf Tage dort wäre. Für den Betrieb ist es ein Highlight, wenn er kommt, und keine dauerhafte Belastung.«

Das Instrument, mit dem IfS-Spagat diese Mehrfacharbeitsplätze organisiert, ist das des Dienstverschaffungsvertrages. **Birgit Werle** erläutert das Prinzip:

> »Dienstverschaffung entspricht in Deutschland dem Begriff Arbeitnehmerüberlassung. In diesem Fall bedeutet das, dass ein Betrieb, es kann auch eine Gemeinde sein, die Arbeitgeberfunktion übernimmt und einen Arbeitsvertrag mit der Person abschließt. Der Betrieb zahlt den Lohn, erhält die Zuschüsse für alle Arbeitsstellen und ›verleiht‹ die Person für einen Teil der wöchentlichen Arbeitszeit an andere Arbeitgeber.«

Geschäftsführer **Stefan Allgäuer** berichtet von einem Beispiel, bei dem diese Regelung ideal ist.

> »Ich war vor einiger Zeit in einem Betrieb, wo die Mitarbeiter sehr stolz darauf waren, dass jemand von Spagat bei ihnen arbeitet. Er geht dort zweimal in der Woche hin und bringt unter dem Aspekt der betrieblichen Gesundheitsförderung einen Obstkorb. Das kann er aber nur zweimal pro Woche machen und nicht fünf- oder zehnmal.«

Für diesen Teilnehmer ist es eine Aufgabe, die er als sinnvoll und bereichernd empfindet, und er hat auch mit dem Aufgabensplitting kein Problem. **Stefan Allgäuer:**

> »Für manche der Betroffenen ist es gut, dass sie in unterschiedliche Systeme hineinkommen. Es sind eben nur ein paar Stunden, und die Jobs sind gut miteinander zu verbinden. Auf diese Weise kann man sehr viel ausprobieren und das Prinzip Versuch und Irrtum walten lassen. Und wenn eine Sache doch schiefgeht, ist das nicht so schlimm, denn es gibt noch genügend anderes.«

Patrick Wientschnig ist ebenfalls ein Spagat-Teilnehmer mit Mehrfacharbeitsplatz. Er sitzt im Rollstuhl und arbeitet in einem Autohaus, bei einer Zeitung und beim Arbeitskreis für

Vorsorge und Sozialmedizin. Er empfindet seine drei Arbeitsstellen als eine Bereicherung.

»Ich freue mich immer auf die Betriebe. Überall ist es anders, überall werde ich gebraucht und ich kann dreimal meinen Geburtstag feiern.«

Und seine Mutter bestätigt das:

»Alle sind sehr offen und fühlen sich wohl in seiner Anwesenheit. Ich glaube, ihm tut das gut, und Patrick tut allen anderen gut.«

Stefan Allgäuer ist sich sicher, dass sich solch kreative Lösungen finden lassen, wenn alle bereit sind, auch ungewöhnliche Wege auszuprobieren.

»Das geht aber nur dann, wenn alle mitziehen. Käme eine Lösung nur von uns, wäre es sicher für den Betrieb eine Zumutung. Aber weil alle mitreden, mit verantwortlich sind und gemeinsam an einem Strang ziehen, geht so etwas am Schluss doch.«

Integrative Wochenstruktur

Es gibt unter den Spagat-Teilnehmern auch Menschen, bei denen es nicht um Arbeit, sondern ausschließlich um Teilhabe geht. Sie brauchen eine ständige Begleitung, die ein Mentor nicht abdecken kann. Auch für sie hat der Dienst ein ambulantes Angebot gefunden. Es trägt die Bezeichnung Integrative Wochenstruktur.

»Ein Teilnehmer im Rollstuhl verbringt seinen Tag zum Beispiel in einer Firma, für die er kleine Aufträge übernimmt, etwa Besorgungen in der Stadt, bei denen ihn ein Zivildiener begleitet. Die Firma bietet das soziale Umfeld, an dem er teilhaben kann, ohne dass er im engeren Sinne produktiv tätig ist«,

veranschaulicht **Lukas Alton** das Projekt, das zurzeit noch in der Erprobung ist.

»Spagat hat zwei Mitarbeiterinnen mit je einer halben Stelle angestellt, die zurzeit das Konzept verfeinern. Es geht dabei um die konkrete Umsetzung, also zum Beispiel um versicherungstechnische Fragen, die sich aber lösen lassen.«

Spagat arbeitet bei der Integrativen Wochenstruktur mit den gleichen Bausteinen wie bei der Vermittlung in Arbeit. Leiterin **Birgit Werle** führt auf:

»Wir beginnen mit der Zukunftsplanung und bauen einen Unterstützungskreis auf. Der entwickelt Ideen, wo wir integrative Plätze finden und welche Betriebe oder Orte die Wochenstruktur unterstützen können. Der Integrationsberater organisiert diese Strukturen und sucht anschließend Assistenten, die die Wochenstruktur begleiten.«

Assistenten findet Spagat beispielsweise beim Mobilen Hilfsdienst, der ansonsten Menschen mit Körperbehinderungen begleitet. Vergütet wird dies über den sogenannten Mobi-Satz, der zwischen neun und zwölf Euro pro Stunde liegt. Eine maximale Begleitung von 40 Stunden in der Woche ist möglich. **Birgit Werle:**

> »Selbst wenn man den Höchststundensatz ausschöpfen würde, läge man immer noch unter dem Tagessatz der Werkstatt.«

Ein junger Mann mit frühkindlichem Autismus liebt beispielsweise LKWs.

> »Morgens um acht holt ein Assistent ihn zu Hause ab und sie fahren zusammen in eine Spedition. Hier wäscht der Teilnehmer selbst einen LKW und schaut zu, wie ansonsten gearbeitet wird. Am Nachmittag fährt er mit dem Assistenten zur Gemeinde und verrichtet dort ein paar Tätigkeiten. Das hat er sich deshalb ausgesucht, weil dort sein Onkel arbeitet. Seine Wochenstruktur fußt auf zwei Teilhabefeldern und sein Assistent begleitet ihn immer dabei«,

beschreibt **Birgit Werle** den Tagesablauf.

Stefanie, die Tochter der Spagat-Mitbegründerin **Ingrid Rüscher**, erhält heute ebenfalls Leistungen nach der Integrativen Wochenstruktur.

> »Montags arbeitet sie am Vormittag im Haus und hilft der Haushälterin, das Essen zuzubereiten. Nachmittags ist sie mit ihrem Kollegen Manuel im Stall, betreut die Pferde, longiert, pflegt die Sättel. Das macht ihr sehr viel Freude. Dienstags fährt sie mit dem Bus nach Bregenz. Dort holt sie ein Kollege vom Mobilen Hilfsdienst ab. Sie geht zu ihrer Schwester, bringt die Kinder in den Kindergarten, kauft anschließend ein, vielleicht Fisch auf dem Wochenmarkt. Dann trinkt sie mit den Kollegen vom Mobilen Hilfsdienst einen Kaffee, holt die Kinder wieder ab, und

nachmittags ist sie die Tante. Abends kommt sie mit dem Bus und den Einkäufen wieder nach Hause. Und so geht es die ganze Woche. An jedem Tag hat sie ihre Aufgaben. Das System ist flexibel und vielfältig, und immer dann, wenn es notwendig ist, wird sie begleitet«, erzählt die Mutter.

»Am Anfang haben wir Kopfschütteln geerntet.«
Im Gespräch mit Ingrid Rüscher, Gründungsmitglied des Elternvereins Integration Vorarlberg

Frau Rüscher, Sie waren der Motor für die Integrationsbewegung in Vorarlberg. Wie kam sie ins Rollen?
Als unsere Kinder in den Kindergarten und in die Schule gehen wollten, fanden wir als Eltern, dass das, was angeboten wurde, weder den Kindern noch uns Eltern entsprach, weil es Sonderkindergärten waren und auch eine Sonderschule. Wir haben nach anderen Möglichkeiten und Ideen gesucht. Ich war auf einem Symposium in Reuthe. Da wurde die Integration vorgestellt, wie es sie in Wien, im Burgenland, in Tirol schon gegeben hat, und das hat mich total fasziniert.

Wann war das?
Das war 1989, Stefanie war damals acht Jahre alt. Bei diesem Symposium habe ich als Mutter das gefunden, was ich mir vorstellte. Einfach im normalen Umfeld aufwachsen, wo Familie und soziales Netz vorhanden sind, Normalität leben. Damals war es noch so, dass wir als Eltern in Vorarlberg noch ziemlich ahnungslos waren, da wusste man nichts von Integration. In den anderen Bundesländern im Osten von Österreich war das schon in der Schulversuchsphase, aber bei uns hat man bis dato nichts davon gehört.

Was wäre Stefanies Weg gewesen?
Stefanie sollte in eine Spezialschule in einem anderen Ort ge-

hen, in ein Heim für Schwerstmehrfachbehinderte. Dort gab es ein großes therapeutisches Angebot und es wäre für uns total einfach gewesen. Die Alternative war die Sonderschule in Egg. Ich habe mich dort eine Woche lang hineingesetzt und habe mir die Stefanie vorgestellt. Sie konnte zu dem Zeitpunkt nicht sprechen, nur ein paar einzelne Wörter, und da waren noch vier Kinder, die auch nicht sprechen konnten. Die einzige Sprechende war die Lehrerin, und das war für mich maßgeblich. Ich habe gedacht, da muss etwas anderes möglich sein. Dann haben wir als Eltern, mein Mann und ich, uns die Unterlagen geholt, haben versucht den Direktor und die Inspektoren zu überzeugen. Wir Eltern haben uns ins Zeug gelegt, einen Verein gegründet, mussten politisch aktiv werden. Das waren ganz schwierige Zeiten.

Daraus entstand also der Verein Integration Vorarlberg?
Ja, es ist ein Verbund ausschließlich von Eltern, deren Kinder eine Mehrfachbehinderung hatten, zum Teil schwere Behinderungen, geistig wie körperlich. Das, was wir mit diesem Verein wollten, konnten sich viele nicht vorstellen. Wir haben uns angelehnt an das Modell: In einer Klasse mit zwanzig Kindern vier Kinder mit Förderbedarf. Wir haben versucht, dieses Modell umzusetzen, und es ist uns gelungen, eine Schulversuchsphase in der Volksschule zu erreichen. Zwei Jahre, bevor das zu Ende ging, bereiteten wir den Übergang in die Hauptschule vor. Das bedurfte einer noch größeren Anstrengung. Dabei hat uns der Landesschulrat unterstützt, denn von Lehrerseite, insbesondere vonseiten des Direktors, kamen ziemliche Blockaden. So sind wir Schritt für Schritt gewachsen und haben die Idee immer weiter getragen. Dann hieß es, wie geht es nach der Schule

weiter? Eigentlich ist ja alles vergeblich, wenn unsere Kinder zum Schluss in eine beschützende Werkstätte gehen, aber was anderes konnte sich niemand vorstellen.

Sie haben sich als Vorkämpfer für andere Eltern und Kinder gesehen?
Ja, wir haben mit dem Verein gezeigt, dass wir alle Eltern unterstützen, die das möchten. Und das haben wir auch gemacht. Der Verein war vor allem ein Team von Frauen. Ab und zu war auch ein Vater dabei, aber durchgängig waren es Mütter. Wir haben immer versucht, an der Praxis zu bleiben, zu schauen, wo unsere Kinder gerade standen. Wir haben die Grenzen ausgelotet, und wo wir an Grenzen stießen, waren wir aktiv, jede in ihrem Bezirk, in ihrer Altersstufe. Eine war zuständig für den Übergang vom Kindergarten in die Schule, eine andere war zuständig für das Schulische, eine für Spagat, für die Weiterentwicklung in der Arbeitswelt.

Das waren Sie?
Ja, das war ich. Stefanie ist die Älteste und deshalb bin ich immer die Erste, die Neuland betritt. Im Moment ist es das Thema Partnerschaft und Sexualität. Und ich spüre natürlich auch die Mängel, die es gibt. Zum einen ist das mühsam, weil man es zu Hause auch durchhalten muss, kreativ sein muss und immer wieder neue Wege suchen muss. Auf der anderen Seite ist es aber auch bereichernd, weil man sich ständig weiterbewegt und fit bleibt in diesem Leben.

Wie sind Sie bei der Gründung von Spagat vorgegangen?
Meine Partnerin war Claudia Niedermeyer. Sie ist Doktor der Pädagogik und unterrichtet an der PÄDAC in Feldkirch, das heißt in der Lehrerausbildung. Heute ist sie die Obfrau vom

Verein. Sie hat privat mehr Freiraum, hat kein behindertes Kind, und wir anderen sind alle Eltern. Sie hat uns seit der Gründung unterstützt und war immer für den pädagogischen Teil verantwortlich. Zusammen mit ihr war ich in Hamburg bei einem Kongress, bei dem amerikanische Mütter ihr Konzept für die Schaffung von Arbeitsplätzen vorgestellt haben. Sie gingen ganz von den Wünschen und Interessen der Jugendlichen aus. Das hat uns überzeugt und wir wussten: Das ist das, was wir suchen.

Wann war das?
Ich glaube, 1995, zwei Jahre vor der Gründung von Spagat. Wir haben dann eine Konzeption geschrieben, ganz einfach, und haben die dem Land Vorarlberg eingereicht. Denen haben wir das vorgestellt und sie haben gesagt, okay, warum nicht, das können wir versuchen. Die Schwierigkeit war dann aber, die Gremien zu gewinnen, die Lebenshilfe, das IfS, die ganzen Arbeitsprojekte, die es damals in Vorarlberg gab und die sich mit dem Thema Arbeit beschäftigt haben. Die hatten nicht die Einsicht, dass man so etwas braucht, weil jeder gesagt hat, das bieten wir doch. Wir haben aber alles angeschaut und stellten fest: Auch in den Werkstätten galt das Leistungsprinzip. Wenn du das kannst, kannst du dorthin, und wenn du das kannst, kannst du dorthin. Überall gab es auch fortschrittliche Ansätze, aber für unsere Kinder wäre das alles nie infrage gekommen, weil sie dieses Level nicht erreichen. Man hat dann Arbeitsgruppen gebildet, regelmäßige Treffen. Ich habe einfach nicht locker gelassen. Es gab noch einen Vater, Dr. Feuerstein. Wir zwei haben in den Gremien gesessen und haben darauf bestanden: Das, was wir möchten, das gibt es so in Vorarlberg nicht.

Was ja wohl auch stimmte.

Ja, aber wir haben damals Kopfschütteln geerntet und vor allem von der Lebenshilfe Vorwürfe bekommen, dass wir unsere Kinder in ein gesellschaftliches Leben geben wollen, das ihnen nicht entspricht, dass so etwas verantwortungslos sei, so ohne Schutz, ohne Vorbereitung. Das war für sie unvorstellbar.

Hatte die Lebenshilfe als Elternvereinigung kein Verständnis für Ihre Ziele?

Kaum. Die ersten zehn Jahre wurden wir sehr kritisch beäugt. Wir wurden als exotisch, als unrealistisch und als Eltern abgestempelt, die genug Geld haben, um sich für solche utopischen Ideen stark zu machen. Eltern, die für ihre Kinder einen Sonderweg suchen, sie nicht einfach in die Sonderschule geben möchten. Wir wurden bestenfalls belächelt. Aber wir haben beim Land dann das Ja bekommen und gesagt, dass wir das gern mit dem Institut für Sozialdienste machen würden, weil die sich für die ambulante Betreuung für Menschen mit Behinderungen zuständig fühlten. Dort fanden wir offene Ohren. Das Konzept wurde dann noch einmal umgeschrieben. Es musste viel komplizierter formuliert sein, damit es ein EU-Projekt wurde.

Es ging also um Mittel aus dem Europäischen Sozialfonds?

Ja, um das Förderprogramm HORIZON. Das Geld wurde dann eingesetzt für acht Jugendliche. Für die hatten wir die Bewilligung, und alle acht bekamen einen Arbeitsplatz, der Christoph zum Beispiel im Spar-Markt, den hat er immer noch. Ich habe nicht alle Wege verfolgt, nicht alle vor Augen, aber alle sind wohl ihren Weg gegangen.

Dieses Konzept, das da geschrieben wurde, war schon das Spagat-Konzept?
Alle Knackpunkte waren schon drin.

Gab es schon Unterstützungskreise?
Natürlich, das war ganz wichtig, dass dieser Unterstützungskreis stattfindet. Das würden wir auch heute immer noch viel mehr hineinreklamieren, dass an diesem Unterstützungskreis Freunde, Bekannte, möglichst viele Personen teilnehmen, damit die Idee auch hinausgetragen wird und jeder Einzelne sein soziales Netzwerk nutzen kann. Dadurch bekommt es eine gute Dynamik und entlastet die Eltern immens.

Es gab also dieses Modellprojekt und schon während der Modellphase war klar, dass es eine Weiterführung geben würde. Der Spagat-Weg stand plötzlich als eine Möglichkeit der beruflichen Teilhabe gleichberechtigt neben den Werkstätten, mit einer abgesicherten Finanzierung. Das ist etwas, auf das viele in Deutschland seit zwanzig Jahren hoffen.
Ja, das war wie ein Lauffeuer. Viele Eltern griffen dieses Modell auf und wollten es für ihr Kind auch umsetzen. Das kann ich gut nachvollziehen. Eigentlich ist man auf der Suche nach genau so etwas, speziell in der Rolle als Eltern. Die Fragen lauten doch immer: Was macht Sinn für mein Kind? Welche sinnvolle Tätigkeit kann es ausüben? Dann: Wie schaffe ich die Absicherung, sozialversicherungsmäßig, unfallversicherungsmäßig, rentenversichert? Man wünscht sich ja das ganze Konstrukt. Die Einrichtungen schaffen das nicht, und wir haben das mit diesem Modell kreiert. Dazu kam noch, dass es nicht teurer wurde als die Einrichtung und dadurch wurde es vom Land auch großzügig unterstützt.

Erstaunlich, wie schnell die Verantwortlichen verstanden haben, dass es eine sinnvolle Alternative ist, und bereit waren, das bestehende System zu ergänzen.

Es waren sehr engagierte Leute am Werk. Und wir haben natürlich politisch auch immer wieder gefordert: Wenn diese Projektphase gutgeht, dann möchten wir, dass das IfS das auch flächendeckend anbietet. Das wurde als gut befunden, und auch die Mitarbeiter vom IfS waren sehr schnell überzeugt, dass dies ein Erfolgsmodell ist, und dann will man das ja nicht bremsen, oder? Das wäre ja dumm.

Sind Sie stolz, dass dieses große Projekt aus einer kleinen Elterninitiative heraus entstanden ist?

Ja, das bin ich. Es war auch in der Schule schon so, dass manche gesagt haben, du darfst nicht immer so fordernd herangehen, da zerbricht so viel. Aber ich fand, man musste Farbe bekennen, und ich wollte, dass meine Tochter in den Genuss von diesem Modell kommt, ich wollte, dass sie integriert ist. Da nützt es mir nichts, dass es vielleicht in zehn Jahren kommt. Wir haben uns total selbstbewusst hingestellt und das gefordert. Zehn Jahre lang war das immer mit sehr vielen Spannungen verbunden. Dann hat sich das irgendwie gewendet und uns sehr viel Respekt und Wertschätzung eingetragen. Das mit Spagat ist wirklich großartig eingeschlagen.

Hoffentlich nicht nur hier in Vorarlberg, hoffentlich trägt der Gedanke weiter.

Es wird EU-weit kommuniziert und Spagat bekommt überall großes Lob. Es ist das Vorzeigemodell schlechthin. Was mir ein Herzensanliegen ist, ist, dass die Qualität beibehalten bleibt, dass man nicht plötzlich anfängt zu rechnen, und die

Professionellen, die wirklich gute Arbeit leisten, zu überfordern, dass sie zu viele Klienten bekommen. Also auf das muss man sehr gut schauen, weil, wenn die Qualität nachlässt und es nicht mehr der Unterstützungskreis ist, der wirklich wichtig ist, dann verwässert das. Das würde mir total leidtun.

Integrationsberater

Die wesentliche Tätigkeit im IfS-Spagat liegt bei den Mitarbeitern vor Ort, den Integrationsberatern. Sie bilden mit 25 Personen den weitaus größten Teil des Mitarbeiterstamms. Integrationsberater haben unterschiedliche berufliche Vorerfahrungen. Sie kommen aus der Pflege oder aus anderen sozialen Berufen, aber auch aus Handwerk und Industrie und haben in diesen Fällen fast immer auch eine pädagogische Weiterbildung durchlaufen. Spagat-Leiterin **Birgit Werle:**

> »In Götzis gibt es eine dreijährige berufsbegleitende Ausbildung an der Kathi-Lampert-Schule, und die Hälfte unseres Teams hat diese Ausbildung absolviert. Unsere Integrationsberater arbeiten mit einem Teil ihrer Wochenarbeitszeit bereits bei Spagat und machen in der restliche Zeit diese Ausbildung. Das Modell ist ideal für diesen Job. Die Absolventen passen am besten zu unseren Aufgaben.«

Vor der Personalauswahl absolvieren die Bewerber ein einwöchiges Schnupperpraktikum, gehen mit an die Arbeitsplätze, und dabei stellt sich heraus, wer sich eignet und wer nicht. Es kommt auch einmal vor, dass jemand eine Anstellung bekommt und danach noch abbricht. **Birgit Werle:**

> »Zwei Mitarbeiter, einer in der Ausbildung und ein weiterer mit einem Abschluss, kamen mit den fehlenden Strukturen hier nicht klar. Dieses ewige Mobilsein, allein arbeiten und Entscheidungen eigenständig treffen müssen, jeden Tag eine andere Aufgabe haben, in Dutzenden von Firmen parallel arbeiten, das war ihnen zu unstrukturiert. Sie haben bei uns aufgehört.«

Diese Aufzählung beschreibt sehr gut die hohen Anforderungen an Integrationsberater. Sie sind überwiegend auf sich allein gestellt, müssen gut kommunizieren können, ein Gespür für soziale Prozesse haben, ausgleichen und ermutigen, fest an den Erfolg glauben und viele Eingliederungsprozesse nebeneinander bewältigen. Für die Einarbeitung gibt es kein festes Programm, keine interne Ausbildung, sondern eine vier- bis achtwöchige Hospitation. Jeder Neuling bekommt einen erfahrenen Mentor aus dem Team zugeteilt, den er zunächst begleitet und der ihn ein Jahr lang berät. **Birgit Werle:**

> »Die neuen Kollegen werden allmählich in ihre Fälle eingearbeitet. Das erste Jahr dient dazu, viel zu reflektieren, sich mit dem Mentor auszutauschen, Fallbesprechungen abzuhalten. Der Mentor geht vielleicht mit zu den ersten Unterstützungskreisen.«

Jeder Integrationsberater ist für einen festgelegten Teilnehmerkreis zuständig und auch die Vertretung bei Urlaub oder Krankheit ist geregelt. In jüngster Zeit erprobt Spagat zudem ein Tandem-Prinzip, bei dem von Beginn an zwei Integrationsberater eng kooperieren, sich beraten und austauschen können.

Fortbildungsangebote zur Unterstützten Beschäftigung gibt es in Vorarlberg nicht. Jeder Integrationsberater hat aber ein eigenes Fortbildungsbudget und nutzt es für Kurse, die im Arbeitsprozess hilfreich sein können, etwa zu den Themen Moderationstechniken, Konflikt-Deeskalation oder Autismus. Im jährlichen Turnus führt das Team eine Klausur durch, die ebenfalls Fortbildungscharakter hat. Einmal pro Halbjahr trifft sich jedes Teammitglied mit der Leiterin, um die aktuellen Fälle zu besprechen.

Zu den Kernaufgaben der Integrationsberater gehört das

Kennenlernen der Person und der Familie, die Persönliche Zukunftsplanung, die Organisation des Unterstützungskreises, die Vorbereitung und Durchführung der Schnupperpraktika, das Abschließen eines Arbeitsvertrages und die längerfristige Begleitung am Arbeitsplatz. Im Betrieb ist der Integrationsberater anfangs mit dem Teilnehmer ständig vor Ort und sorgt dafür, dass er die gestellten Aufgaben erledigt, gibt Hilfestellung, gliedert den Prozess in Teilschritte und übt Abläufe ein. Zusätzlich sucht er einen Mentor und zieht sich allmählich aus der Begleitung zurück. Dabei kommt es darauf an, die richtige Balance zu finden zwischen noch erforderlicher Unterstützung und schon möglicher Verselbstständigung.

Ein sensibler Bereich sind die Informationen, die der Integrationsberater vorab über die Person an den Betrieb gibt. Es gilt die Regel, sie vorsichtig zu dosieren. **Birgit Werle:**
> »Meistens haben die Betriebe in der Schnupperphase noch wenig Interesse an tiefgreifenden Vorab-Informationen. Sie wissen, es ist jemand dabei, dann sehen wir schon, wie es funktioniert. Sie haben nicht die Zeit, sich alles anzuschauen. Vielleicht ist es auch eine Mentalitätsfrage: Wir lassen es auf uns zukommen, und dann entscheiden wir weiter. Schnuppern hat noch keine Verbindlichkeit.«

Die Aufgaben des Integrationsberaters beziehen sich nicht ausschließlich auf den Arbeitsprozess. Die meist noch jugendlichen Teilnehmer stecken in einer sensiblen Lebensphase, die geprägt ist von Pubertätsproblemen, Selbstfindungsprozessen und der Ablösung von den Eltern. Probleme und Krisen haben Auswirkungen auf die Arbeitssituation und müssen deshalb aufgearbeitet werden. Teilweise bedeutet diese Problembewältigung einen hohen Zeitaufwand. Der aber ist nötig, damit der

Arbeitsplatz erhalten bleibt. Die Betriebe wissen in der Regel um die Schwierigkeiten und zeigen sich kooperativ.

»Unsere Betriebe sind sehr geduldig. Ohne die tollen Mentoren und die positive Einstellung würde vieles nicht funktionieren. Wenn die Betriebe an unsere Teilnehmer die gleichen Maßstäbe anlegen würden wie an Mitarbeiter ohne Behinderung, wären viele von ihnen nicht mehr dort«,

berichtet **Lukas Alton.**

»Der Betrieb weiß natürlich, dass er nicht allein dasteht, dass wir von Spagat kommen, wenn es Probleme gibt, und schauen, welche Lösungen wir finden können.«

Beim Thema Tagesstrukturierung sind die Integrationsberater ebenfalls gefordert. Mit den Teilnehmern, den Familien und den Unterstützungskreisen suchen sie nach Ideen für die Gestaltung der Freizeit und die Sicherstellung der notwendigen Betreuung.

Auch die Dokumentation des Vermittlungsprozesses ist Sache der Integrationsberater.

»Die ist bei uns sehr schmal gehalten. Der Verlauf wird regelmäßig dokumentiert, aber nur in dem Umfang, der unbedingt erforderlich ist«,

fasst **Birgit Werle** zusammen.

»Zusätzlich legen alle Teilnehmer eine eigene Arbeitsmappe an, die sie von uns schon gleich zu Beginn bekommen. Was haben sie gemacht, wo sind Fortschritte zu sehen? Sie enthält Protokolle, Fotos der Schnupper- und Arbeitsplätze, des Unterstützungskreises, der Gespräche zwischen Teilnehmer und Mitarbeiter. Das wird im Laufe der Zeit eine Erfolgsmappe. Nach fünf, acht oder zehn Jahren wird sie dann wieder hervorgeholt, und man kann die Entwicklung sehen. Wenn man sie gemeinsam anschaut, dann sieht man: Das brauchst du jetzt nicht mehr. Weißt du noch, wie das damals war? Das macht die Teilnehmer sehr stolz.«

Eine anspruchsvolle Aufgabe, der Job der Integrationsberater, findet **Birgit Werle**:

> »Sie sind die Designer der Vermittlungsprozesse, sie müssen kreativ sein, Aufgaben finden, Hilfen bereitstellen, kommunizieren, eine Leichtigkeit hineinbringen, eine Ernsthaftigkeit, wo man sie braucht. Sie brauchen viel Fingerspitzengefühl und die richtige Mischung aus Hilfe und Loslassen: Wo muss eine Brücke gebaut werden, und wo lösen die Beteiligten das alleine?«

Zu Beginn der Arbeitsbegleitung kalkuliert der Integrationsberater den erforderlichen Betreuungsaufwand. Diese Kalkulation bildet die Grundlage für die Finanzierung der Tätigkeit durch das Land. Bleibt der Aufwand unter der Planung, so bekommt Spagat auch nur die geleisteten Stunden bezahlt, ist eine höhere Begleitung notwendig, muss ein entsprechender Antrag gestellt werden. Auch ein Abschluss der Arbeitsbegleitung ist möglich, wenn sich die Teilnehmer so verselbstständigt haben, dass sie die Hilfe durch den Dienst nicht mehr benötigen.
Birgit Werle:

> »Manchmal stellen wir die Arbeitsbegleitung auch ganz ein. Das sind dann die Erfolgsgeschichten, in denen die Eingliederung vollständig gelungen ist. Wir suchen eine Person, die die Begleitung vor Ort übernimmt, und melden den Teilnehmer ab. Wenn sie uns wieder brauchen, dann melden sie sich bei uns. Im letzten Jahr haben wir auf diese Weise 15 Fälle abgeschlossen.«

Das Land als Kostenträger legt Wert darauf, dass die Arbeitsbegleitung nicht automatisch auf Dauer angelegt ist. **Hermann Böckle:**

> »Es besteht die Gefahr, dass Spagat die Mitarbeiter nicht loslässt. Dann werden Dinge getan, die vielleicht gar nicht mehr getan werden müssten.

Wo der Prozess aber konkret abgeschlossen werden kann, legen nicht wir fest, denn eine Regulierung von unserer Seite kann den Dienst der Freiheit berauben, die er im Einzelfall braucht. Insgesamt gilt aber, je länger die Arbeitsverhältnisse andauern, umso stabiler sind sie. Am Anfang, wenn man einen Arbeitsplatz sucht, sich darum bemüht, das soziale Umfeld der Familie einzubinden, hat man natürlich viel Aufwand. Später kann man in manchen Fällen aussteigen. Wenn es dann irgendwo eine Krise gibt, kommt man halt wieder hin. Aber man muss nicht in jedem Fall dranhängen und zwangsweise irgendwelche Stunden ableisten.«

»Jeder Integrationsberater kann selbst versuchen, was möglich ist und was nicht.«
Im Gespräch mit Lukas Alton, Integrationsberater bei Spagat

Herr Alton, Sie arbeiten seit 2006 bei IfS-Spagat. Was haben Sie vorher gemacht?
Ich habe davor als Behindertenbetreuer in einer Wohneinrichtung gearbeitet. Es war ein ähnlicher Personenkreis, die Bewohner haben auch in einer Werkstätte gearbeitet.

War das eine der großen Trägerorganisationen?
Es war die Lebenshilfe. Ich habe davor auch die Erfahrung in der Werkstätte selbst als Zivildiener gemacht. Das war spannend, erst in dieser Werkstatt, dann eineinhalb Jahre in diesem Wohnhaus. Die Arbeit ist bei Spagat komplett anders als im Wohnhaus. Hier hat jeder einzelne Integrationsberater seine Klienten, mit denen er arbeitet. Er kann mit denen viel mehr versuchen, was möglich ist und was nicht. Und im Wohnheimteam ist es immer das Kollektiv, was entscheidet, auch wenn der Einzelne sich mehr trauen würde.

Sie sind also Integrationsberater und arbeiten hauptsächlich mit Schülern. Übernehmen Sie für die Sonderschulen die Begleitung der Praktika?
Fest eingebaut ist Spagat da nicht. Wir sind ja nur eines der Angebote am Markt. Es gibt auch andere Dienstleistungsunternehmen im Land, die für Menschen mit Behinderung Angebote bereithalten. Es liegt an den Eltern, an den Klienten

oder an den Lehrern, ob sie uns auswählen. Es gibt auch eine Informations- und Orientierungsstelle, an die sich Eltern wenden können, um sich über die Angebotsvielfalt und optimale Lösungen für das eigene Kind zu informieren.

Gibt es auch Schüler, die die Werkstatt und den Spagat-Weg ausprobieren?
Ja, die gibt es, und ich finde das wichtig, denn nur wer den Unterschied kennt, weiß zu unterscheiden und sieht beide Seiten. Mir ist auch wichtig im Berufsleben, dass jemand, der Waldarbeiter werden will, auch andere Bereiche kennengelernt hat, um vergleichen und sich richtig entscheiden zu können. Oft herrscht nur so eine ungefähre Vorstellung im Kopf, weil vielleicht der Onkel oder die Tante gesagt hat, du hast da deine Stärken, probier doch mal so was aus.

In Deutschland bekommt man für die Begleitung von Schulpraktika zunächst einmal kein Geld, und wenn, dann von der Schulbehörde oder von der Arbeitsagentur.
Hier übernimmt das Land die Finanzierung. Wichtig ist aber, dass das Ziel erreichbar ist und dass es eine realistische Perspektive gibt: Wird derjenige oder diejenige in ein oder zwei Jahren auf dem ersten Arbeitsmarkt arbeiten können? Wenn das realistisch ist, dann kann Spagat aktiv werden. Das läuft parallel zur Schule. Sobald die Person bei Spagat angemeldet ist, bezahlt das Land Vorarlberg die Assistenzstunden.

Wobei es hier ja noch um Orientierung geht. Betriebe gehen doch zu diesem Zeitpunkt noch keinerlei Verpflichtung ein, oder?
Nein, hier geht es ums Schnuppern, aber das ist natürlich auch schon wichtig.

Wie viele Schnupperplätze organisieren Sie für eine Person?
Mein Durchschnitt sind acht Plätze. Und die sind sehr unterschiedlich. Es sind nicht acht Bäckereien, acht Autowerkstätten. Wir besuchen sie in einem halben Jahr, denn die Zeit drängt. Es hängt aber auch von der Zusammenarbeit mit der Familie und dem Umfeld ab, wie gut Kontakte und Netzwerke genutzt werden können. Ich hatte auch schon nur vier oder auch schon einmal sechzehn Schnupperplätze. Ob man dann alle besucht, das hängt natürlich von der Zeit ab.

Wie kommen die acht Praktika zustande?
Diese Ideen kommen von den Teilnehmern am Unterstützungskreis. Jeder Unterstützer, der seine Kontakte zu einem Betrieb hat, fragt dort nach, ob der Teilnehmer einmal schnuppern kommen kann, und alles Weitere erkläre ich dann dem Betrieb. Die Person aus dem Unterstützungskreis macht den Erstkontakt.

Das stelle ich mir sehr hilfreich vor.
Ja, das erleichtert vieles. Wir wissen doch alle, wie entscheidend eine persönliche Beziehung ist. Wenn ich denjenigen nicht kenne, dort anrufe und frage, ich begleite einen Menschen mit Behinderung, dürfen wir mal schnuppern kommen, dann wird daraus nur mit viel Glück etwas. Wenn aber ein Mitarbeiter den Chef nach einem Schnupperpraktikum für einen Verwandten fragt, ist das sehr viel wirkungsvoller.

Und dann geht es an die Verwirklichung?
Dann gibt es ein festes Datum, an dem sich die Teilnehmer bei mir melden müssen. Im Unterstützungskreis wird schon festgelegt, bis wann jeder seine Kontakte befragt hat, und ich

melde mich dann bei den Firmen und mache einen Termin aus, an dem ich mit diesem Teilnehmer schnuppern komme.

Passiert es auch, dass es mal richtig schiefgeht?
Ja, klar, für 30 Prozent der Betriebe rechne ich mir realistische Chancen aus, der Rest dient zum Kennenlernen, zum Schnuppern eben.

Mittlerweile gibt es Spagat über zehn Jahre, haben die meisten Betriebe schon Erfahrungen?
In Vorarlberg ja. Durch diese 300 Arbeitsplätze waren viele Betriebe schon Schnupperbetriebe, kennen das Modell und haben zum Teil eben schon integrative Arbeitsplätze. Wenn es nicht funktioniert, liegt der Grund meist darin, dass es nicht barrierefrei ist, oder sie sind zu klein und können nicht noch jemanden dazunehmen oder haben schon ein oder zwei Menschen mit Behinderung im Betrieb. Ein Nein ist ja dann auch berechtigt, das darf man nicht verurteilen. Ein Mensch mit Beeinträchtigung, der gibt etwas, aber der kostet auch Energie, je nach Verhaltensauffälligkeit. Da kann ich dem Betrieb nicht böse sein, wenn es heißt: »Wir haben da schon jemanden und unser Kontingent ist ausgeschöpft.«

Wenn es acht Schnuppertage sind, in welchem zeitlichen Abstand liegen die?
Um das vorwegzunehmen: Wir haben mehrere Klienten. Je nach Arbeitszeit sind es 20, 30 Klienten pro Berater, wir müssen uns natürlich auch um die anderen kümmern. Im Idealfall wäre es so, dass sie jede Woche irgendwo sind, zwei Tage. Das ist nicht immer möglich. Man setzt sich ein Ziel, dass man diese fünf oder acht Schnupperstellen in zwei, drei

Monaten besucht, um dann eine Auswahl zu treffen und sich auf ein oder zwei zu konzentrieren.

Wie wird das Ganze in der Schule begleitet?
Dort besprechen sie allgemeine Themen, beispielsweise »Wie kaufe ich ein?«. Praktische Dinge, die zum Erwachsenenleben dazugehören oder im engeren Sinne zum Arbeitsleben.

An die Schnupperpraktika schließen sich vertiefende Praktika an?
Ja, die Auswahl wird danach getroffen, was demjenigen oder derjenigen am besten gefallen hat. Dann schnuppert derjenige dort einmal länger, eine Woche, mehrere Wochen. Wenn es über mehrere Wochen geht, dann machen wir eine Arbeitserprobung. Dafür wird derjenige befristet angestellt, vielleicht für drei Monate, und der Betrieb kann sich in diesen drei Monaten entscheiden, ob er ihn übernehmen und längerfristig beschäftigen will oder nicht.

Gelingt Ihnen immer eine anschließende Festanstellung?
Wenn man sich ein Ziel setzt und sagt, bis dahin wollen wir es erreichen, gelingt es tatsächlich in den meisten Fällen. Es kann durchaus sein, dass von zehn angefragten Schnupperstellen nur zwei zusagen, aber eine später sagt, wir nehmen dich.

Kann es auch sein, dass Sie sagen, für den kommt nur Werkstatt infrage?
Das gibt es auch, dass das Ergebnis ist: Spagat ist einfach nicht das Richtige für sie oder ihn. So schön es auch klingt, so groß der Wunsch vielleicht war, es funktioniert einfach nicht. Für jemanden, der kognitiv und emotional im Entwick-

lungsalter eines Kleinkindes steckt, besteht manchmal auch kein Unterschied zwischen einer Autofirma, mit der man sich vielleicht identifiziert, und einer Werkstatt. Darum finde ich es genauso wichtig, dass es Werkstätten gibt. Ich sage nicht, alle sollen hinaus in den ersten Arbeitsmarkt. Ich bin auch nicht dafür, dass alle in Integrationsklassen gehen. Für mich ist es wichtig, dass es ein breites Angebot gibt und jeder sich das aussuchen kann, was für ihn am besten passt.

Wie viel Begleitung leisten Sie noch nach der Arbeitsaufnahme?
Deutlich weniger, und zwar kontinuierlich weniger. Es kann auch ganz auslaufen. Neulich habe ich wieder drei Teilnehmer erfolgreich abgemeldet. Die sind so selbstständig und haben ein Netz, das sich melden würde, wenn es nicht mehr funktioniert, die brauchen mich nicht mehr. Da gab es nur noch Telefonate: Wie läuft's denn? Ja wunderbar, es passt, der Chef ist zufrieden.

Wird im Vorwege festgelegt, wie viel Begleitung es noch gibt?
Es geht um eine Einschätzung immer fürs Jahr. Wenn ich einschätze, ich brauche in diesem Jahr 100 Stunden, brauche aber nur 60, dann werden auch nur die 60 vom Land bezahlt. Wenn ich aber 60 Stunden für das nächste Jahr bewilligt habe und der Spagat-Teilnehmer, die Spagat-Teilnehmerin bekommt Probleme am Arbeitsplatz und ich muss wieder eine neue Struktur auf die Beine stellen, dann beantrage ich eine Neubewilligung und dann gibt es auch die Chance, dass das bezahlt wird.

Betriebe

Im Unterschied zu anderen Fachdiensten, die das Konzept der Unterstützten Beschäftigung verfolgen, bereitet es IfS-Spagat kaum Probleme, Praktikums- und Arbeitsstellen zu finden. Ein Grund hierfür sind die Unterstützungskreise, die bei der Vermittlung von Erstkontakten die wesentliche Arbeit leisten. Ein zweiter Grund liegt in der Niedrigschwelligkeit der Praktika. Für die Betriebe sind die Schnupperpraktika unverbindlich, dauern nur kurz, die Begleitung ist gesichert und die Versicherungsfrage geklärt. Praktika bedeuten für den Betrieb einen geringen Aufwand und ein minimales Risiko. Ein Schnupperpraktikum aber verschafft einen persönlichen Kontakt, der die beste Voraussetzung für eine längerfristige Erprobungsphase bildet. Aus den verlängerten Praktika wiederum ergibt sich fast immer eine Option für eine Festanstellung.

Unter den Betrieben sind der Einzelhandel und der Sozialbereich besonders häufig vertreten. Einzelhandelsunternehmen sind in der Regel Supermärkte, Sozialeinrichtungen meist Altenheime oder Kindergärten. Spagat-Leiterin **Birgit Werle:**
»In den Sozialeinrichtungen geht es hauptsächlich um hauswirtschaftliche Tätigkeiten. Kindergärten sind dabei besonders beliebt. Die Beteiligten haben damit gute Erfahrungen gemacht, vorausgesetzt, die Person passt zur Einrichtung. Die Bandbreite der Betriebe ist aber noch sehr viel größer. Die Betriebsgröße liegt fast immer zwischen zehn und fünfzehn Mitarbeitern. Familiengeführte Bio-Bauernhöfe nehmen zu. Die sagen, wir haben bisher überhaupt noch keinen Mitarbeiter gehabt, das wäre

doch einmal eine Idee. Es sind also vor allem innovative Betriebe, die sich öffnen.«

Großbetriebe dagegen sind hierarchisch organisiert, der Abstand zwischen der Leitungs- und Mitarbeiterebene ist zu groß: Sie öffnen sich kaum für den Spagat-Gedanken. Die größten Betriebe in Vorarlberg sind Liebherr und Suchard, in beiden Betrieben hat Spagat bisher keinen Arbeitsplatz etablieren können.

Insgesamt ist die Bereitschaft aber hoch: 300 Betriebe im gesamten Land Vorarlberg sind bereits Spagat-Partner. Die Anzahl der Betriebe, die offen für Schnupperpraktika sind, ist noch deutlich höher. Spagat-Arbeitsplätze erweisen sich zudem als sicher. In der Wirtschaftskrise 2009 wurden keine Beschäftigten entlassen. **Birgit Werle:**

>»Als diese Krise auf dem Arbeitsmarkt spürbar wurde und die Betriebe teilweise in Kurzarbeit gingen, haben wir diskutiert, wie sich das wohl auf unseren Bereich auswirken würde. Es hat aber keine Abbrüche gegeben. Unter dem Aspekt des Einsparpotenzials wäre hier auch wenig zu holen gewesen.«

Für den Betrieb wirkt sich die Einstellung eines behinderten Beschäftigten positiv auf sein Image aus. Kunden von Supermärkten reagieren darauf positiv. **Doris Schneider,** die Mutter von Christoph, erzählt:

>»Die Kunden wussten von Anfang an, dass Christoph eine Behinderung hat, sie kennen ihn von klein an, denn er ist hier in die Volksschule gegangen. Längst haben sie ihn ins Herz geschlossen. Wenn er mal nicht da ist, vermissen sie ihn.«

Für den Spar-Markt lohnt sich die Beschäftigung von Christoph auch in finanzieller Hinsicht. Christoph ist gut eingearbeitet und erbringt im Rahmen seiner Aufgaben eine gute Leistung. In anderen Fällen akzeptieren Betriebe aber auch, dass die Leistungsfähigkeit gering ist und der Mentor oder die Mentoren sehr viel an Unterstützung geben müssen. Dafür erhält der Betrieb staatlicherseits einen Mentorenzuschuss. Der Gewinn für den Betrieb liegt in diesen Fällen vor allem in der Verbesserung des sozialen Klimas.

»Alle Betriebe, die Menschen mit Behinderung integriert haben, sagen, dass sich das positiv auf die Motivation und die Einstellung der Kollegen auswirkt. Ein behinderter Mensch verändert die Sichtweise, die Haltung zur eigenen Arbeit, manchmal auch den Zusammenhalt im Team. Das ist ein großer Wert«,

bestätigt **Elisabeth Tschann.**

Mentoren

Mentoren sind Schlüsselpersonen im Spagat-Prozess. Sie übernehmen die Anleitung, sorgen im Betrieb für Verständnis und steuern behutsam die sozialen Kontakte. Sie sind die persönlichen Bezugspunkte und Anker für die Teilnehmer und ihre Funktion entspricht damit der von Gruppenleitern in den Werkstätten. In ihre Mentorenaufgaben investieren sie einen Teil ihrer Arbeitszeit und folgerichtig wird der Betrieb für diesen Betreuungsaufwand auch honoriert.

Nach der Erfahrung von Spagat ist es nicht schwierig, in einem Betrieb Personen zu finden, die eine Mentorentätigkeit übernehmen.

»Meist gibt es sogar mehrere Anwärter, die die Aufgabe gern übernehmen würden. Mich erstaunt das immer wieder. Als Begründung höre ich, dass die Mentoren neben ihrer täglichen Arbeit eine weitere Herausforderung suchen. Sie sagen, das ist noch einmal etwas ganz anderes, diese Begleitung zu übernehmen, es ist ein Gegenpol zur Alltagshektik, eine Entschleunigung und Abwechslung«,

sagt **Birgit Werle**. In einem Spagat-Video begründet ein Koch sein Engagement als Mentor:

»Ich wäre nicht mehr an diesem Arbeitsplatz, wenn ich nicht Danny hätte. Das Kochen allein ist mir zu wenig als Herausforderung, aber Danny braucht mich, und deswegen bin ich noch hier.«

Birgit Werle berichtet von einem ähnlichen Fall.

»Ein Mentor in einer Schule begleitet einen Spagat-Teilnehmer mit herausforderndem Verhalten. Er hat mir einmal gesagt: ›Weißt du, bei mir relativiert das viel. Ich habe selbst drei Kinder, und wenn ich heimkomme, dann bringt der Älteste vielleicht eine schlechte Note mit, und ich denke mir, ach, das ist doch gar nicht so schlimm.‹«

Das Mentoren-Auswahlkriterium formuliert **Lukas Alton** so:

»Es muss jemand sein, der die nötige Feinfühligkeit hat, diesen speziellen Draht zu Menschen mit Behinderung. Wenn man sich längere Zeit im Betrieb aufhält, dann bekommt man ein Gefühl dafür, wer sich dazu besonders eignet.«

Die Übernahme der Verantwortung nehmen die Mentoren sehr ernst. Sie unterschreiben keinen Vertrag, werden aber dem Land gegenüber in ihrer Funktion benannt, weil der Betrieb einen Mentoren-Zuschuss beantragen muss. Sie füllen ihre Mentorentätigkeit oft über Jahre hinweg aus. Das sei bemerkenswert, findet **Birgit Werle**, denn:

»Viele stehen bei ihrer Arbeit unter Druck. Dass sie das zusätzlich machen, oft für lange Zeit, ist etwas sehr Erstaunliches.«

Solche Erfahrungen mit der Tätigkeit der Mentoren widerlegen die allgemeine Überzeugung, dass Erwerbsbetriebe nicht in der Lage sind, die Betreuung behinderter Mitarbeiter zu übernehmen, und dass dies nur Sondereinrichtungen sicherstellen können. Und noch ein gängiges Argument gegen inklusives Arbeiten wird widerlegt: Dass nämlich der Umgang mit behinderten Menschen eine Professionalität erfordert, die nur durch eine sonderpädagogische Zusatzausbildung abzudecken ist.

»Mentoren haben meist einen ganz pragmatischen Zugang zu den Teilnehmern. Sie trauen ihnen oft mehr zu als wir Pädagogen, die wir immer diesen beschützenden Blick haben. Ich habe mir oft gedacht: Siehst du, genau so muss man das angehen. Ich habe viel von den Mentoren gelernt«,

kommentiert die Spagat-Leiterin.

Birgit Werle hält die Zusammenarbeit von engagierten Betriebskollegen und Integrationsberatern mit pädagogischem Fachwissen für ideal.

> »Jede Sichtweise hat ihre Berechtigung, sie ergänzen einander, und genau diese Mischung macht letztlich ein gutes Ergebnis aus.«

Dieser Meinung ist auch **Ingrid Rüscher,** die Aktivistin der ersten Stunde im Verein Integration Vorarlberg. Sie führt ein Beispiel aus dem Freizeitbereich an:

> »Stefanie hat einen Reitlehrer, der Springreiter unterrichtet und mit dem Thema Behinderung zuvor keine Erfahrung hatte. Er hat ihr das Reiten beigebracht, trainiert sie jetzt und traut ihr Dinge zu, die im therapeutischen Reiten vorher undenkbar gewesen wären. Mittlerweile springt sie über sechs Hindernisse von einem Meter, nimmt an Turnieren teil und liebt es, mit ihrem Pferd den Walzergalopp zu reiten.«

Wie wichtig für die Eltern ein guter Ansprechpartner im Betrieb ist, formuliert Mutter **Doris Schneider.**

> »Ich habe ein gutes Gefühl dabei, dass Andreas, Christophs Chef, auch sein Mentor ist. Es ist sehr wichtig, dass jemand da ist, sich zuständig fühlt und achtgibt. Es kann auch einmal nicht so gut laufen.«

Mentorenzuschüsse sind unterschiedlich hoch, sie werden als Pauschalen gezahlt und basieren auf der Einschätzung, wie viel Begleitung jemand braucht. Integrationsberater **Lukas Alton:**

> »Im Laufe der Zeit verringern sich diese Zuschüsse. Wenn jemand am Anfang 300 Euro bekommt, ist es nach zwei Jahren oft nur noch die Hälfte.«

Spagat organisiert für die Mentoren zweimal im Jahr ein Treffen. **Lukas Alton:**

> »Es gibt Mentorengruppen im Oberland und im Unterland. Bei diesen Treffen hält jemand in der Regel einen Vortrag zu einem vorher festgelegten Thema, etwa zur Epilepsie. Der Rest der Zeit ist ein ungezwungener Austausch. Die Mentoren berichten einander über ihre Probleme und sie lernen voneinander.«

»Ich freue mich über jeden Tag, den ich hierherkommen darf.«

Linda Saueregger:
Die Schüchternheit ist verflogen

Das erste Zusammentreffen hat Beate Wittrock, die Sekretärin von Winkler & Partner, noch genau in Erinnerung: »Zuerst kam die Integrationsberaterin die Treppe herauf, dann kam lange nichts und schließlich erschien Linda. Sie war sehr unsicher, und ich merkte gleich, hier ist viel Feingefühl nötig.« Linda Saueregger war damals 16 Jahre alt. Sie sollte im Steuerbüro Winkler & Partner ein »Schnupperpraktikum« machen. Sie erinnert sich: »Ich war tatsächlich sehr nervös und schüchtern, ich wusste nicht, was mich hier erwartet. Mittlerweile hat sich das total geändert, heute fühle ich mich wohl hier.« Mentorin Beate Wittrock bestätigt: »Linda hat sich erstaunlich schnell eingelebt und gehört heute zu uns.«

Nur drei Stunden pro Woche arbeitet Linda Saueregger im Steuerbüro, verteilt auf jeweils eineinhalb Stunden am Montag- und am Mittwochnachmittag. Ihr Hauptarbeitsplatz ist der Spar-Markt König, wo sie vier Tage in der Woche jeweils halbtags arbeitet. Dienstags hat sie einen freien Tag. Linda Saueregger kommt mit dieser Regelung gut zurecht: »Bei Spar habe ich meinen Hauptarbeitsplatz, aber ich freue mich auch immer schon auf Winkler & Partner und auf Beate. Das hier ist etwas ganz anderes. Bei Spar sortiere ich Waren ein, hier muss ich kopieren, einscannen, Kontoblätter sortieren und auch mal Kunden bedienen. Es ist lustig hier im Büro, alle sind freundlich.« Im Team von Winkler & Partner arbeiten zwanzig Mitarbeiter.

Beate Wittrock wusste schon früh, dass sie Linda behalten

wollte, und hat sich einen Plan gemacht, sie einzuarbeiten. »Wir haben erst mit einer Sache angefangen«, erzählt sie, »das war das Frankieren. Die Integrationsberaterin Natalie war anfangs meist dabei und hat eine einfache Vorlage gemacht, mit der Linda das Porto selbst ermitteln konnte. Heute ist das nicht mehr nötig. Später haben wir Küchenarbeiten erlernt, und so ging es immer weiter.«

In der Kundenbetreuung wollte Linda Saueregger am Anfang nicht arbeiten. »Dazu war ich zu ängstlich«, sagt sie. Beate Wittrock: »Heute ist das kein Problem mehr. Linda macht Kaffee und bringt ihn den Kunden, sie hat eine sehr freundliche Ausstrahlung.« Auch der Arbeitsort hat sich geändert. Erst saß Linda in einem kleinen Raum hinter dem Empfangstresen ihrer Mentorin. Beate Wittrock: »Das war nicht praktikabel. Ich habe sie neben mich geholt, dann war es einfacher sie anzuleiten.«

Aus dem Mentorenverhältnis ist mittlerweile Freundschaft geworden. Beate Wittrock: »Linda ist für mich mehr als nur eine Kollegin, wir haben einen wirklich engen Kontakt. Wenn sie Geburtstag hat, bringe ich ihr ein Geschenk vorbei und ich schicke ihr eine Karte aus dem Urlaub. Das bedeutet für mich, sie ernst zu nehmen. Ich fühle mich verantwortlich.« Und sie hat eine bemerkenswerte Auswirkung auf ihr eigenes Berufsleben festgestellt: »Ich spüre, wie ich selbst davon profitiere. In den eineinhalb Stunden, wenn Linda da ist, schalte ich ab vom üblichen Alltagsstress. Für kurze Zeit bin ich in einer anderen Welt. Ich kann ihr nur gerecht werden, wenn ich alles andere beiseiteschiebe. Ich nehme mir für sie die Zeit und mich zurück. Ich merke, wie gut mir das tut.«

Und auch für das Team ist Linda Saueregger mittlerweile eine feste Institution geworden. »Wenn sie einmal nicht da ist, dann fragen alle nach ihr. Jeder grüßt sie, jeder bemüht sich um sie, jeder sorgt dafür, dass sie Arbeit hat«, berichtet die Mentorin. Sie ist froh, sich damals für Linda entschieden zu haben, und sie kann diesen Weg allen Betrieben sehr empfehlen. »Natürlich muss man die richtige Einstellung mitbringen«, sagt sie, »aber man sollte sich trauen. Ich weiß, wie wichtig Zuwendung ist. Und für Menschen mit einer Behinderung, die nicht so große Chancen haben, ist es noch doppelt wichtig.« Linda Saueregger fasst ihr Gefühl in einem Satz zusammen: »Ich freue ich über jeden Tag, den ich hierherkommen darf.«

Eltern

IfS-Spagat ist aus dem Engagement von Eltern entstanden. **Doris Schneider** ist eine Mutter der ersten Stunde, die den Weg ihres Sohnes über Integration in Kindergarten und Schule bis hin zum Arbeitsplatz auf dem ersten Arbeitsmarkt begleitet hat:

»Christoph ist als gesundes Kind geboren. Im Alter von 14 Monaten ist er schwer erkrankt und hat die Behinderung zurückbehalten. Für uns war immer klar, er muss überall dazugehören. Wir wollten keine Sonderbehandlung. Er sollte in der Nachbarschaft und in der Gemeinde bleiben, und das haben wir hinbekommen: Er besuchte in der Grundschule und später in der Hauptschule integrative Klassen. Mit 17 verließ er nach der neunten Klasse die Schule und gehörte zu den ersten Kindern, die über Spagat vermittelt wurden. Das klingt einfach, aber so leicht war es nicht. Es war immer ein Kampf, das durchzubringen, aber es ist aus meiner Sicht gut gelungen. Für uns war das genau der richtige Weg.«

Der Bludenzer Lehrer **Günther Mair** findet es bewundernswert, wenn Eltern sich in integrativen Arbeitsbereichen auch für ihre erwachsenen Kinder noch stark engagieren.

»Der institutionelle Weg«, so sagt er, »ist um vieles leichter. In der Werkstatt müssen sich die Eltern um nichts mehr kümmern und nicht mehr viel Engagement aufbringen. Ich habe Verständnis für Eltern, die diesen Weg wählen. Ein Kind, das schwere Behinderungen oder Benachteiligungen hat, über 15 Jahre zu begleiten und sich dann noch einmal an einem Projekt wie Spagat zu beteiligen, das ist hart. In der Werkstatt wissen sie: Hier hat das Kind es gut, hier arbeiten Profis, es ist geschützt und versorgt, alle Probleme werden gelöst.«

Wenn die Jugendlichen den Spagat-Weg gehen, müssen ihre Eltern nicht nur mehr Aufgaben übernehmen, sie erleben manchmal auch, dass ihre Zukunftspläne infrage gestellt werden. Wer in einem Betrieb arbeitet und Geld verdient, entwickelt ein ungeahntes Selbstbewusstsein, schmiedet eigene Pläne, nabelt sich von zu Hause ab. Für die Eltern ist das manchmal schwer zu akzeptieren.

»Eltern machen oft das Thema Behinderung zu ihrer Lebensaufgabe und plötzlich merken sie, da wird jemand selbstständig, die Auswirkungen der Behinderung werden geringer. Damit entsteht eine Lücke. Sie haben vielleicht eine Einliegerwohnung gebaut, weil ihnen klar war: ›Mein Sohn wird auf Dauer bei uns wohnen.‹ – Und dann will der ausziehen! Das fällt manchen schon sehr schwer«,

beschreibt **Elisabeth Tschann** ungeahnte Probleme in der Eltern-Kind-Beziehung.

Sie kennt auch die Differenzen, die es zwischen Fachdienstmitarbeitern und Eltern geben kann, wenn sich Kinder verselbstständigen und Eltern das Loslassen üben müssen:

»Ich höre manchmal in Fallbesprechungen: ›Ach, die Mutter hat schon wieder das und das getan.‹ Dabei weiß ich sehr genau, dass es auch nicht behinderte Menschen gibt, die sich ihr ganzes Leben von ihren Müttern reinreden lassen und deren Eltern noch das Geld ihrer bereits erwachsenen Kinder verwalten. Mir ist bewusst, dass Eltern mit behinderten Kindern sehr viel Risikobereitschaft abverlangt wird, wenn sie dem Auszug ihres Kindes zustimmen sollen.«

Ingrid Rüscher, selbst Mutter einer behinderten Tochter, hat Spagat mit aufgebaut. Sie versucht, beide Seiten zu verstehen.

»Die Eltern müssen erkennen, dass es funktionieren kann. Sie müssen eine Vorstellung von dem bekommen, was sein könnte. Dann wächst das

Vertrauen. Ich versuche aber auch immer, Verständnis für die Eltern einzufordern. Ein Professioneller weiß nicht genau, was es heißt, das Leben gemeinsam zu gestalten. Vieles kommt ja erst zu Hause zur Sprache, im gewohnten Umfeld, wo die Spannungen geringer sind. Man muss die Differenzen im gegenseitigen Respekt zu lösen versuchen, und das ist immer wieder ein neuer Prozess.«

Sie beobachtet mit Sorge, dass es bei jüngeren Eltern einen Trend gibt, sich in behinderungsspezifischen Vereinen zusammenzuschließen:

»Da gibt es die Elternvereinigungen für Kinder mit Downsyndrom, mit Autismus oder mit Muskeldystrophie. Wir von Integration Vorarlberg haben unsere Aufgabe immer darin gesehen, Lebensbedingungen für alle Menschen zu schaffen, die eine Behinderung haben. Wir haben nie vorsortiert. Ich kann verstehen, dass die Eltern das Beste für ihr Kind wollen und sich um eine sehr spezifische Therapie und Unterstützung bemühen. Aber ab einem bestimmten Punkt gleichen sich die Probleme aller. Wir wollen alle den inklusiven Weg, und da sind wir gemeinsam stärker.«

Der Verein Integration Vorarlberg war mit dieser übergreifenden Sichtweise erfolgreich: Spagat ist für alle Behinderungsarten da.

Die Begleitung und Weiterentwicklung des Dienstes ist aber auch nach mehr als zehn Jahren immer noch eine wichtige Aufgabe für die Eltern:

»Wir stehen immer mit IfS-Spagat in Verbindung. Ich glaube, es ist klug für den Verein, die Basis nicht außer Acht zu lassen, nämlich uns Eltern, die wir unsere Erfahrungen haben und die Schwierigkeiten kennen«, findet **Ingrid Rüscher.**

»Der Arbeitsalltag ist natürlich sehr dicht, und unsere Sicht geht schon mal verloren. Ich glaube aber, dass auch Spagat einen Unterstützungskreis braucht, um sich weiterzuentwickeln. Leute, die beobachten, sich engagieren, reflektieren und schauen, wie die Entwicklung weitergehen kann. Wenn es beispielsweise politisch oder wirtschaftlich knapp wird, dann haben Eltern immer noch die höchste Überzeugungskraft und können nach wie vor politisch wirksam sein.«

Doris Schneider

»Für uns war das genau der richtige Weg.«
Doris Schneider, Mutter von Christoph Schneider

Frau Schneider, Sie gehören zum Elternverein Integration Vorarlberg. Kann man sagen, dass diese Eltern die Pioniere der Integration waren?
Ja, im Land Vorarlberg auf jeden Fall. Christoph ist in eine Integrationsklasse gegangen. Diese Kinder waren der erste Jahrgang. Die Aktivste war ich aber sicher nicht, das war vor allem Frau Rüscher.

Ihr Sohn Christoph gehörte auch zu den ersten, die durch Spagat vermittelt wurden. Wie ist es dazu gekommen?
Nach der Hauptschule stellte sich die Frage: Was passiert jetzt? Wie geht es weiter? Man hat Arbeitskreise gebildet, um die Fähigkeiten der Kinder herauszufinden. Was machen sie gern? Was können sie vielleicht nicht so? Und dann ist man darauf gekommen, dass es Spagat geben muss. Als Eltern fühlt man sich als Bittsteller, wenn man um Arbeit fragt. Dieser Rolle wollte man aus dem Weg gehen und dann hat Spagat die Aufgaben übernommen.

Das heißt, als Christoph aus der Schule gekommen ist, hat Spagat schon bei der Arbeitssuche geholfen?
Ja.

Wie lange wurde Christoph integrativ beschult?
Während der ganzen Schulzeit. Integration begann schon im Kindergarten.

Für eine ländliche Gegend wie Bregenzerwald war das damals noch ungewöhnlich, oder?
Ja, da steckten ganz engagierte Eltern dahinter. Das war schon ein Kampf, das durchzubringen, aber aus meiner Sicht ist das gut gelungen. Für uns war das genau der richtige Weg.

Können Sie etwas über Christophs Behinderung sagen?
Er hat motorische Probleme und wenn er etwas erzählen will, kann er es oft nicht. Er hat Schwierigkeiten im Sprechen, es fallen ihm die Worte dann nicht ein. Und er kann nicht schreiben und nicht lesen.

Aber er hat einen festen Arbeitsplatz und hat sein Auskommen.
Er hat sicher so viel gelernt, wie er lernen konnte. Er hat das erreicht, was für ihn möglich ist, davon bin ich überzeugt.

Wenn er nicht über Spagat vermittelt worden wäre, was wäre die Alternative gewesen?
Das ist schwierig zu sagen. Es gibt da nicht so viele Möglichkeiten. Die Lebenshilfe hat Werkstätten in Betsau und in Langeneck. Im Bregenzerwald haben wir halt wirklich nur die Lebenshilfe. Aber darum habe ich mich, wenn ich ehrlich bin, gar nicht bemüht. Christoph war in der Volksschule von Anfang an integriert. Davor schon im Kindergarten. Ich sag's mal direkt: Unter lauter Menschen mit Behinderungen hätte er sich nicht wohlgefühlt und darum ist für uns die Lebenshilfe eigentlich nie ein Thema gewesen.

Christophs Chef Andreas sagte, Christoph sei ein Kollege wie jeder andere auch. Auch wenn jemand eine Behinderung hat, muss er seine Leistung bringen.

Auf jeden Fall. Bei Christoph kann man sicher sagen, er bringt seine Leistung.

Ich war auch überrascht über die Fülle der Aufgaben, die Christoph wahrnimmt. Das Ganze wirkte sehr eingespielt.
Er fühlt sich auch sehr wohl. Er ist jetzt zehn Jahre im Spar-Markt und hat noch kein einziges Mal gesagt, heute will ich nicht hingehen. Für ihn ist die Arbeit sehr wichtig.

Wie ist es mit dem Verdienst?
Er hat sein Geld und kommt damit gut aus. Er kann sagen, er geht arbeiten und fühlt sich selbstständig wie alle anderen auch. Ganz normal eben.

Wie ist er denn im Team integriert?
Sehr gut. Bei Geburtstagsfeiern und Ausflügen ist er immer dabei. Auch außerhalb der Firma wird er mal mitgenommen.

Stehen Sie in regelmäßigem Kontakt zum Spar-Markt?
Ja, es ist schon notwendig, dass man weiß, was los ist.

Ist Christoph Mitglied in Vereinen?
Im Familienchor. Da singt er mit. Sonst ist er nirgends dabei.

Hilft er hier auf den Hof mit?
Ja, sowieso. So, wie sich jeder in der Familie hier einbringen muss, bringt auch er sich ein. Das ist schon wichtig, ich glaube, auch für ihn. Seine Arbeit wird benötigt. Er muss seinen Beitrag leisten.

Das heißt, Sie behandeln ihn aufgrund seiner Behinderung nicht mit Samthandschuhen?

Nein, überhaupt nicht. Es ist einfach ein völlig normaler Zusammenhalt. Er muss seinen Beitrag leisten, denn die anderen leisten ihn ja auch.

Sie haben drei Kinder?

Ja, und ein Enkelkind. Dadurch, dass wir eine Landwirtschaft haben, muss eben jeder mitwirken.

Das heißt, sein Leben ist hauptsächlich Familie und Arbeit?

Ja, aber dadurch, dass er im Sommer mit uns auf die Alm geht, wo wir auch Urlaubsgäste haben, hat er doch einen ziemlich großen Bekanntenkreis. Es sind immer ziemlich viele Menschen da, zu denen er Kontakt hat, auch Freundschaften. Er wird auch eingeladen, er war zum Beispiel schon ein paar Mal in Holland. Die Gäste holen ihn und bringen ihn wieder her. Das ist für ihn Urlaub.

Wie wird es weitergehen? Wird er hier immer wohnen bleiben?

Das wissen wir jetzt noch nicht. Momentan ist das kein Thema für uns, weil es gut funktioniert, und ich glaube, dass er es für sich im Moment auch nicht vorstellen kann, auszuziehen. Ich denke, dass das die Zeit irgendwann mit sich bringt. Aber unser Weg war bisher so gut begleitet, wenn es einmal dahin käme, gäbe es sicher auch eine gute Lösung.

Werkstätten

Seit den 70er-Jahren des 20. Jahrhunderts gibt es in Österreich ein zweigeteiltes Werkstättensystem mit Fach- und Förderwerkstätten, analog zum deutschen System der WfbM und Tagesförderstätten. Der Unterschied zum deutschen System ist vor allem der, dass österreichische Werkstätten wohnortnäher und überschaubarer sind. In Vorarlberg hat jede größere Gemeinde eine eigene Werkstatt mit etwa 30 Beschäftigten.

Integrationsberater **Lukas Alton** hat als Zivildiener in einer Werkstatt gearbeitet, und er beschreibt deren Angebote:
»Es gab verschiedene Räumlichkeiten mit unterschiedlichen Themen, etwa die Kerzenfertigung oder die Holzwerkstätte. Wir haben sehr stark jahreszeitlich gearbeitet. Ostern und Weihnachten waren wichtige Bezugspunkte, auch der Oktobermarkt, auf dem die Werkstücke verkauft wurden. Wir haben viel aus Holz gesägt und gebastelt. Industrielle Fertigung, Aufträge für Firmen gab es kaum. Einmal am Tag gab es in der Holzwerkstatt eine Stunde, in der die Beschäftigten ›Heimarbeit‹ gemacht haben. Das bedeutete, Kleinteile für Schränke und Schubladen zusammenzustecken. Das war die einzige Auftragsfertigung für die Industrie. Die Entlohnung lag je nach Arbeitsleistung im Taschengeldbereich zwischen 50 und 100 Euro. Es gab wohl auch den Auftrag, Menschen, die dazu in der Lage waren, auf den Arbeitsmarkt zu vermitteln, aber ich kann mich nicht erinnern, dass das während meiner Zeit geschehen ist.«

Anders als in Deutschland zahlt der Kostenträger in Österreich keine Beiträge in die Sozialversicherung. Bei der

Krankenversicherung greift die Familienversicherung, Rentenbeiträge werden nicht entrichtet. Die Werkstatt ist eine teilstationäre Einrichtung mit 40 Wochenstunden. Damit hat sie auch einen tagesstrukturierenden und familienentlastenden Auftrag. Die Wohneinrichtungen sind komplementär angelegt.

Der Erfolg von Spagat bedeutete für die Werkstätten eine starke Zäsur. Im Jahre 2010 entschieden sich ca. 70 Prozent der Schulabgänger mit besonderem Betreuungsbedarf für den Spagat-Weg, nur 30 Prozent nutzten noch das klassische Werkstattangebot. Es gab auch Übergänge aus der Werkstatt auf Spagat-Arbeitsplätze. Die Gesamtzahl der Werkstattplätze ist in Vorarlberg jedoch, anders als in Deutschland, beschränkt, und den Werkstätten gelang es durch Neuaufnahmen, die Zahl der Beschäftigten konstant zu halten. **Hermann Böckle,** Fachreferent in der Landesregierung, sieht die Perspektive der Werkstätten im Aufspüren neuer Zielgruppen:

»Ein Problem war bei uns beispielsweise bisher nicht gelöst: Niemand fühlte sich verantwortlich für Sonderschüler, die im Sinne des Behindertengesetzes nicht zum Werkstattklientel gehören, die aber, etwa wegen ihres Verhaltens, keinen Zugang zum Arbeitsmarkt finden. Die Lebenshilfe hat für diesen Personenkreis ein Programm entwickelt, das jetzt greift, und sie erhalten einen Werkstattplatz.«

Auch in anderer Hinsicht haben die Werkstätten reagiert. In Vorarlberg gibt es zwei große Werkstattträger, die Lebenshilfe für das Unterland, die Caritas für das Oberland. **Hermann Böckle:**

»Eine Lebenshilfe- oder Caritaswerkstätte ist heute nicht mehr das, was sie noch vor zwei Jahren war. Man hat die Fenster und die Türen geöffnet und frische Luft hereingelassen. Das Schräubchendrehen oder etwas

Ähnliches gibt es heute kaum noch. Dafür hat man Brockenhäuser, also Second-Hand-Läden, und andere Geschäfte darin oder ein Café oder Restaurant. Die Werkstätten bedienen die Kantinen in der Schule und mieten Kioske an. Sie erobern sukzessive neue Arbeitsfelder, gehen hinaus, sind, so sagen sie es selbst, auf dem Weg zur Inklusion.«

Für den Zugang zu Betrieben haben die Werkstattträger ein neues Modell entwickelt. Sie nennen es Job-Kombi. Es handelt sich um begleitete Arbeitsangebote, etwa im Supermarkt, kombiniert mit dem Werkstattangebot. Die Werkstatt erhält dafür weiterhin den vollen Kostensatz und übernimmt die Anleitung vor Ort. Der Betrieb stellt lediglich den Arbeitsplatz zur Verfügung. Die Beschäftigten beziehen ein Entgelt in der Größenordnung der geringfügigen Beschäftigung. Auch eine Variante von Integrationsbetrieben ist mittlerweile im Programm der Lebenshilfe.

»Sie heißt Anstellung mit Dienstvertrag. Die Lebenshilfe betreibt nach diesem Modell beispielsweise einen Tierpark oder einen Kiosk. Den führt sie wie einen eigenständigen Betrieb und stellt die Betroffenen an. Dafür bekommt sie Lohnkostenzuschüsse und Mentorenzuschüsse, aber keine weitergehenden Kostensätze. Das ist eine Form des offenen Arbeitsmarkts und wir tolerieren diese Form der Anstellung bis zu drei Jahren«, kommentiert **Hermann Böckle**.

Die Entscheidung für den Spagat- oder den Werkstattweg fällt jedoch in der Regel bereits in der Schulzeit. Auch hier hat der Wettbewerb eingesetzt, wie **Birgit Werle** berichtet:

»Die traditionellen Träger versuchen mittlerweile, frühzeitig in die Schulen hineinzukommen, und zwar mit Entlastungsangeboten für die Eltern schon im Kindesalter. Es handelt sich um familienentlastende Dienste auch während der Wochenenden, um Ferien- und Freizeitmaßnahmen. Gekoppelt sind sie mit Schnupperpraktika in der Werkstätte. Das ist eine Form der aktiven Akquise.«

Insbesondere die Lebenshilfe versucht zudem, den Bereich der beruflichen Bildung zu besetzen. **Hermann Böckle:**
»Sie hat die Philosophie entwickelt: Erst einmal müssen alle Schulabgänger zu uns kommen, damit wir sie auf den offenen Arbeitsmarkt vorbereiten können. Sie können bei uns eine zweijährige Berufsbildungszeit absolvieren und anschließend die Entscheidung fällen, welchen Weg sie einschlagen wollen. Das sieht Spagat naturgemäß ganz anders. Die sagen, unsere Beschäftigten brauchen keine Vorabausbildung, sie brauchen einen geeigneten Arbeitsplatz und anschließend ein Training on the Job.«

Kombinationen zwischen dem Spagat-Angebot und der Inanspruchnahme eines Werkstattarbeitsplatzes gibt es nur in Ausnahmefällen. Integrationsberater **Lukas Alton:**
»Ich hatte einen Fall, da arbeitete eine junge Frau zwei oder drei Tage nachmittags in einer Bäckerei, den Rest der Zeit verbrachte sie in einer Werkstatt. Das Land forderte schließlich eine Entscheidung von ihr. Wäre sie in der Spagat-Förderung geblieben, hätte sie die Werkstatt selbst finanzieren müssen. Jetzt bekommt sie die Werkstatt bezahlt und wählt das Job-Kombi-Modell, allerdings mit sehr geringem Einkommen. Das Land drängt darauf, dass man sich für die eine oder die andere Struktur entscheidet. Es sagt, das sind konträre Angebote, die nicht zusammenpassen.«

Für die Eltern ist die Wahl zwischen den beiden Wegen eine Grundsatzentscheidung. Der Spagat-Weg führt zu einer Festanstellung und tariflichen Entlohnung, allerdings handelt es sich in der Regel nur um eine Teilzeittätigkeit. Der Werkstattweg ist das Rundum-Paket, einschließlich Beförderung, therapeutischen Angeboten und 40 Stunden-Tagesstruktur. Bei Spagat sind die Eltern in vielen Fällen noch weiterhin gefordert. Allerdings trägt ein Spagat-Teilnehmer nicht unerheblich zum Familieneinkommen bei.

Unterschiede gibt es auch beim Zugang zum System. Das Eintrittsalter in einer Werkstatt liegt bei 18, 19 Jahren. Die Zeit bis dahin deckt die Sonderschule mit ihren Angeboten ab. Der integrative Weg erfordert dagegen ein früheres Wechseln, manchmal schon mit 15 Jahren, weil nur neun Schuljahre integrativ beschult werden und die Eltern den Zwischenschritt über das Sonderschulzentrum ablehnen.

Der größte Unterschied zwischen den Systemen liegt aber in den Denkstrukturen der dort Beschäftigten. Integrationsberater bei Spagat stellen die Anforderung in den Mittelpunkt, die Aufgabe, in die jemand hineinwachsen kann, und das in relativ kurzer Zeit. Werkstattmitarbeiter sind stärker dem traditionellen Schutzgedanken verbunden. Förderung und Vorabqualifizierung stehen im Mittelpunkt. Sie denken in langen Zeiträumen. Eine Person kann in den beiden Systemen sehr unterschiedlich wahrgenommen werden. **Birgit Werle:**

> »Bei Spagat hatten wir Mitarbeiter, die vorher bei der Lebenshilfe oder bei der Caritas gearbeitet haben und beide Systeme kennen. Die sagen uns: Es ist kaum zu glauben, wie unterschiedlich die Dienste denken. Derselbe Mensch mit Behinderung wird mit ganz anderen Augen betrachtet, das Zutrauen zu ihm und die Anforderungen sind völlig verschieden.«

Der Bludenzer Lehrer **Günther Mair** betrachtet die Situation aus einer objektivierenden Distanz. Sein Urteil:

> »Es geht um unterschiedliche Ansätze zum Wohl der Menschen, aber es geht auch um finanzielle Förderung, um Geld, um Quoten. Dass das nicht ohne Reibungspunkte abläuft, ist klar. Natürlich wollen die Einrichtungen ihre Leute und ihre Daseinsberechtigung behalten. Es sind ja Institutionen, die ihre Sache schon 20, 30 Jahre machen, die jetzt ein Konkurrenzverhältnis spüren und sich auf diese Entwicklung einstellen müssen.«

IfS-Geschäftsführer **Stefan Allgäuer** beurteilt den Wettbewerb als produktiv und entwicklungsfördernd:

> »Das ist immer ein Auf und Ab. Zuweilen sind wir die Treiber für die Organisationen, zum Teil sind wir auch Konkurrenten. In den letzten Jahren haben Organisationen wie die Lebenshilfe unsere Ideen aufgegriffen und haben etwas Vergleichbares entwickelt. Das hat die schon sehr herausgefordert, ich würde sagen, in einem guten Sinne. Sie wollen am Markt bestehen. Mein Anspruch ist es nicht, Monopolist zu sein, mein Anspruch heißt Innovation, und das IfS greift schon das nächste Thema auf.«

In Österreich sei Vorarlberg sehr weit vorn durch diese Konkurrenzsituation, findet **Hermann Böckle** aus dem Sozialministerium:

> »Ich nenne die Stationären gern liebevoll die Betonprojekte. Aber ich weiß: Sowohl mit Spagat als auch mit den Werkstätten sind wir Vorarlberger in Österreich mittlerweile die Flexibelsten und ernten große Aufmerksamkeit. Da kommt beispielsweise die Lebenshilfe aus Tirol und schaut sich an, wie wir das hier machen. Und dann will sie das auch probieren!«

Netzwerke

Spagat lebt vom Netzwerkgedanken. Viele Menschen engagieren sich eine begrenzte Zeit lang für die Spagat-Sache und übernehmen Verantwortung. Als Bundesland ist Vorarlberg mit seinen 370 000 Einwohnern klein und überschaubar, soziale Kontakte lassen sich leichter nutzen als in einer anonymen Großstadt. Menschen, die die Wirkung der Spagat-Idee erlebt haben, sind auch bereit, für andere tätig zu werden. Das gilt zum Beispiel für Partnerbetriebe, die sich bereit erklären, Schnupperplätze zur Verfügung zu stellen. Es gilt für Mentoren, die andere potenzielle Mentoren beraten, und für Eltern oder andere Unterstützer, die in weiteren Unterstützungskreisen mitwirken und Teilnehmern zu Praktika verhelfen.

Es gibt auch Netzwerke von Spagat-Teilnehmern, die bereit sind, andere Teilnehmer zu beraten. Spagat-Leiterin **Birgit Werle:**

»Wenn ein Rollstuhlfahrer sagt, das traue ich mir nicht zu, dann sagen wir, okay, wir zeigen dir mal einen Arbeitsplatz, da gibt es auch einen Rollstuhlfahrer, der das hinbekommt. Wir haben ein Jahr lang 15 Spagat-Teilnehmer ausgebildet, die ihren Arbeitsplatz Interessierten und ihren Eltern vorstellen. Sie nennen sich selber Active Connectors.«

Elisabeth Tschann ist sich sicher, dass ohne privates Engagement manche Lösungen gar nicht möglich wären.

»Überschaubarkeit führt zu verstärktem sozialem Engagement. Ohne persönliche Bezüge hat man oft das Problem, dass jemand sagt, das ist nicht mein Bereich, da kann ich leider nichts machen, und das Problem woanders hinschiebt. Zur Integration gehört es aber, dass Menschen sich öffnen, Verantwortung übernehmen und Unterstützung leisten. Das gilt für die Politik, für die Suche nach Arbeitsplätzen und auch für die Betriebe. Wenn ein Betrieb immer nur fragt, wie ist derjenige versichert, dann geht es dort nicht, weil man nicht alles absichern kann.«

Für Spagat als Organisation gibt es auch eine Art Unterstützungskreis auf Ministeriumsebene. **Elisabeth Tschann:**
»Hermann Böckle und Günther Gorbach, der für Sonderpädagogik zuständig ist, sitzen immer wieder mit mir zusammen. Wir schauen, was nötig ist, damit es funktionieren kann. Letztes Jahr gab es eine Entscheidung, dass die Landesregierung einen Teil der Integrationsfachkräfte in den Schulen übernimmt, weil ich nachweisen konnte, dass Schüler, die integrativ unterrichtet werden, leichter beruflich zu integrieren sind als Schüler, die gesonderten Unterricht genossen haben. Damit spart die Regierung später einen Teil der Kosten. Da gibt es Zusammenhänge, und wenn es sinnvoll ist, kann man solche Geldtransfers vornehmen.«

Entwicklung der Spagat-Teilnehmer

Die integrativen Arbeitszusammenhänge, die tarifliche Entlohnung und die Anerkennung des Umfeldes ermutigen die Spagat-Teilnehmer, machen sie selbstbewusst und prägen ihre Identität. Sie fühlen sich weniger behindert, kleiden sich wie Gleichaltrige, und in ihrem Verhalten wird Anderssein weniger sichtbar, als man das von Gruppen aus Werkstätten und Wohnheimen kennt. Für viele steht nach einiger Zeit der Auszug aus der Familie oder aus der Wohneinrichtung auf dem Programm. Integrationsberater beobachten Sprünge in der Entwicklung. **Elisabeth Tschann** bemerkt dazu:

»Es gibt ganz große Veränderungen. Oft konnte niemand sich vorher vorstellen, dass das einmal möglich sein würde.«

Birgit Werle schildert ihre Erfahrungen so:

»Wenn Spagat-Teilnehmer unterwegs sind, sagen Leute häufig: ›Ich habe nicht gedacht, dass das Menschen mit Behinderung waren.‹ Sie fallen nicht mehr auf. Sie fühlen sich integriert, verhalten sich entsprechend und wirken auch nach außen so. Wir haben einmal bei einem Bildungsträger einen Computerkurs gebucht. Nach den ersten Bedenken hat man uns aber einen Extrakurs angeboten, den Mitarbeiter von uns begleitet haben. Die Kursleiterin erzählte uns später, die Mitarbeiter im Haus hätten nachgefragt, wann denn die behinderten Menschen kämen. Dabei war der Kurs schon gelaufen! Unsere Gruppe war ihnen gar nicht aufgefallen. Von da an stand uns in dieser Bildungseinrichtung die Tür offen.«

Spagat-Teilnehmer werden auch fordernder, was Freizeit und Bildungsmöglichkeiten angeht. Das ist die Erfahrung von **Birgit Werle**:

»Für die Eltern ist es manchmal schwierig, wie schnell sie sich von zu Hause abnabeln wollen. Da sind sie sehr viel schneller als ihr Umfeld. Die Eltern bremsen dann: ›Dir geht es doch gut hier, jetzt gewöhn dich doch erst mal bei der Arbeit ein und komm doch bitte jetzt nicht auch noch mit dem Thema Wohnen.‹ Viele Teilnehmer wollen auch nicht mehr ihre Freizeit mit Behindertengruppen verbringen. Natürlich gibt es auch andere, die lieber unter sich bleiben und gemeinsam mit Spagat-Teilnehmern etwas machen wollen.«

Für **Ingrid Rüscher,** die Mutter von Stefanie, öffnet sich die Grenze der Entwicklungsfähigkeit immer weiter:

»Ich habe gelernt: Entwicklung ist immer möglich. Früher habe ich das nicht geglaubt, aber das war ein Trugschluss. Es hieß immer, wenn Kinder mit so und so viel Jahren nicht sauber sind, dann lernen sie das nie. Wenn sie etwas bis dann und dann nicht können, dann passiert nichts mehr. Jetzt weiß ich, es kommt nur auf die Anreize an, dann kann immer noch viel passieren.«

Bedihan Uyar:
Eine junge Frau setzt sich durch

Bedihan Uyar ist eine lebhafte junge Frau mit einer starken Ausstrahlung, die gern und viel lacht. Sie weiß, was sie möchte, und sie bringt ihre Wünsche deutlich zum Ausdruck. Bedihans Lebensmaxime: »Ich möchte für mich selbst sorgen.« Das fällt ihr nicht in den Schoß. Sie ist durch eine Tetraspastik gehandicapt und auf einen Rollstuhl oder einen speziellen Gehwagen angewiesen. Wer sie nicht kennt, kann ihre Sprache nur schwer verstehen.

Mit dieser Einschränkung schien ein Leben für sie vorgezeichnet, wie es Menschen mit schweren Behinderungen führen. 16 Jahre lang wurde sie in einer Spezialeinrichtung betreut, dem Schulheim Mäder. Dort erfüllte sie ihre Schulpflicht, und die Einrichtung bot anschließend eine Tagesbetreuung, die sie mehrere Jahre in Anspruch nahm.

24 Jahre war Bedihan Uyar alt, als sie sich weigerte, dieses Leben weiterzuführen. Ihre Schwester Asli Cengin erinnert sich an die Auswirkungen des Entschlusses auf die Familie: »Wir waren völlig entsetzt, denn wir konnten uns ja nicht anderes vorstellen. Alle haben wir versucht, Bedihan umzustimmen. Zuletzt haben wir nachgegeben.« Nichts zu tun zu haben und nur zu Hause zu sitzen, das tat der jungen Frau tatsächlich nicht gut. Im Schulheim hatte sie täglich ihre Angebote – Reittherapie, Logotherapie, Kreativgruppe und vieles mehr. Sie hatte dort auch den Umgang mit Bliss-Symbolen erlernt, mit denen sie sich Fremden gegenüber verständigen kann. Ohne diese Aktivi-

täten verfiel sie in eine Depression. Ihre Schwester Asli Cengin: »Es musste dringend etwas geschehen, aber wir wussten nicht was. Irgendjemand gab uns den Hinweis auf Spagat, und wir nahmen den Kontakt auf.«

Fünf Monate sollte es dauern, dann hatte die junge Frau wieder eine Beschäftigung. Für Spagat war es eine besondere Herausforderung. Wo findet man Tätigkeiten für jemanden, der motorisch so schwer beeinträchtigt ist? Aus einer Reihe von Schnupperpraktika blieben vier Arbeitsstellen übrig: Die Kathi-Lampert-Schule, eine Ausbildungsstätte für angehende Erzieher, die Volkshochschule in Götzis, die Firma Swiss House und die örtliche Sparkasse. Andere Schnupperpraktika, etwa in einem Kindergarten, führten nicht zum Erfolg, weil sich keine geeigneten Arbeitsmöglichkeiten fanden.

Seit knapp zwei Jahren hat Bedihan Uyar nun Arbeit, wenn auch nur mit begrenztem Stundenkontingent. Sie berichtet, was sie dort tut: »Montags bin ich am Nachmittag bei Swiss House. Dort verteile ich Post und vernichte Akten. Anschließend übernehme ich in der Kathi-Lampert-Schule ebenfalls Postdienste. Donnerstags arbeite ich in der Volkshochschule, wo ich Akten vernichte, und gehe anschließend wieder in die Kathi-Lampert-Schule in die Bibliothek. Dort säubere ich Bücher und ordne sie ein.«

Am Mittwoch hat sie bisher immer in der Sparkasse gearbeitet, hat Briefe gestempelt und Akten vernichtet. Diese Arbeit musste sie aufgeben, weil sie sich vor etwa einem Jahr entschieden hat, ständig ein Kopftuch zu tragen. Die Firmenpolitik der Sparkasse ließ Kopftücher für Mitarbeiterinnen nicht zu. Die Entscheidung fiel ihr schwer, denn gerade auf die Arbeit in der Bank war sie besonders stolz. Ihre Schwester Asli Cengin: »Sie hat sich ganz herzlich von ihren sehr lieben Kollegen verabschiedet und allen zum Abschied noch ein Geschenk gemacht, was uns, ehrlich gesagt, sehr verwunderte, weil sie doch entlassen worden war.« Spagat bemüht sich, die Arbeit in der Sparkasse durch eine andere Arbeitsstelle zu ersetzen.

Bedihan Uyar: »Eigentlich reicht mir die Arbeitszeit bei Weitem nicht aus, ich würde am liebsten den ganzen Tag arbeiten. Leider brauche ich sehr viel Unterstützung, und die steht eben nicht ausreichend zur Verfügung.« Auch die Beförderung zu den Arbeitsstellen übernimmt derzeit noch die Familie. »Wenn wir heute sehen, wo sie schon steht, kommt uns das wie ein Wunder vor. Besonders unser Vater war ängstlich und wollte unbedingt, dass sie in der Schule blieb. Aber sie hat sich dort schrecklich gelangweilt und war geradezu verrückt nach Arbeit. Für uns war das eine völlig unrealistische Idee. Wie sollte jemand mit so einer schweren Behinderung einen Arbeitsplatz finden können? Wir dachten eher an Freizeitaktivitäten und haben sie bei einer Tanzgruppe angemeldet. Bedihan ist dort auch einmal hingegangen, aber Tanzen war ihr zu unernst, und deswegen brach sie die Teilnahme ab«, erzählt ihre Schwester.

Als Spagat die vier Arbeitsstellen gefunden hatte, gab es eine große Sitzung mit Vertretern der Landesregierung, alle Details wurden festgelegt, Zuschüsse geregelt, die Entlohnung geklärt. Asli Cengin: »Das war typisch für Bedihan. Sie schafft es immer, viele Leute einzuspannen und am Ende das zu bekommen, was sie will.«

Der Weg über Spagat aktivierte die Familie. »Ich finde, auch wir haben uns weiterentwickelt. Wir wissen jetzt viel mehr über Behinderung, über die Rechte und Möglichkeiten behinderter Menschen und über vorhandene technische Hilfen. Wir wissen, dass Arbeit auch bei schwerer Beeinträchtigung möglich ist, und kennen viele Unterstützungswege. Früher hat das alles das

Schulheim für uns gemacht, jetzt müssen wir es selbst übernehmen, wobei uns Spagat natürlich berät. Wir sind selbstbewusster und, wenn man das so sagen kann, auch selbstständiger geworden. Ohne Spagat hätten wir das nicht geschafft. Spagat hat uns die Tür geöffnet und plötzlich sind wir auf viel Hilfsbereitschaft, Offenheit und Zutrauen gestoßen«, beschreibt Asli Cengin die Neuorientierung der Familie.

Arbeit, so hat sich gezeigt, ist für die junge Frau die beste Therapie. Für ihren Arbeitsplatz hat Bedihan Uyar Psychotherapie, Logotherapie, Physiotherapie und Reittherapie aufgegeben. »Das war für mich verlorene Zeit«, sagt sie. »Ich brauche das alles nicht. Ich will keine Therapie, ich will bleiben, wie ich bin und ich will etwas Sinnvolles tun. Ich brauche keine Ersatzangebote, sondern Assistenz.« Und deshalb hat sie mittlerweile eine persönliche Assistentin engagiert, die jedoch bestimmte Voraussetzungen erfüllen musste: »Ich wollte, dass sie Türkisch versteht und die türkische Kultur kennt. Ich habe jemand Passenden gefunden. Miriman unternimmt mit mir etwas in der Freizeit, sie gibt mir pflegerische Hilfe und unterstützt mich beim Essen und Trinken. Ich muss sie aber selbst bezahlen von dem, was ich verdiene.« Es sieht so aus, als sei der Weg von Bedihan Uyar ins Arbeitsleben noch nicht zu Ende.

Gesellschaftliche Relevanz des Ansatzes

In den mehr als zehn Jahren des Bestehens von Spagat haben sich in Vorarlberg viele Menschen für den Dienst eingesetzt. Sie waren in Unterstützungskreisen tätig, haben als betriebliche Mitarbeiter Schnupperpraktika organisiert oder stehen in regelmäßigem Kontakt zu Spagat-Teilnehmern. Sie haben sich engagiert, einen sehr persönlichen Zugang zu Menschen mit Behinderungen gefunden und tragen die Idee der Integration weiter. Vorarlberg fühlt sich Spagat verbunden. **Elisabeth Tschann** berichtet:

> »Manchmal passiert es mir, dass mir irgendjemand im Zug erzählt, er war bei einem Unterstützungskreis dabei. Oder es fragt mich jemand, was ich mache, und ich sage, ich arbeite mit Menschen mit Behinderung, und er reagiert mit der Frage, kennen Sie denn auch Spagat? Das finde ich dann immer sehr schön.«

Die Hoffnung, dass durch vielfältige Kontakte die Akzeptanz für ein Anderssein wächst, dass behinderte Menschen ihren Platz mitten in der Gesellschaft finden, scheint sich zu bestätigen, wenn dieser Prozess auch nur langsam voranschreitet. Inklusion kann aber erst dann Wirklichkeit werden, wenn die Strukturen dafür existieren. Für Elisabeth Tschann geht es beim Thema Behinderung nicht mehr um finanzielle Absicherung von Betreuungsstrukturen, sondern um die Durchsetzung von Bürger- und Menschenrechten. Auch **Birgit Werle** berichtet von positiven Erfahrungen.

> »Leute erzählen mir zum Beispiel, dass sie ihr Lebensmittelgeschäft

gewechselt haben, weil in dem neuen Supermarkt jemand mit Behinderung beschäftigt wurde. Das wollen sie unterstützen.«

Aber auch in Vorarlberg sind die Bedingungen für den institutionellen und den integrativen Weg noch immer nicht gleich.

»Der Werkstattweg ist deutlich besser abgesichert. In der Werkstatt sind beispielsweise Therapie oder Beförderung immer bereits inklusive. Wenn jemand den integrativen Weg geht, muss er so etwas selbst organisieren oder selbst bezahlen. Da gibt es weiterhin Benachteiligungen im Zugang«, resümiert **Birgit Werle.**

Für **Stefan Allgäuer** ist Spagat ein Vorzeigeprojekt:

»Wir haben viele soziale Dienste, wo die Auswirkungen auf die Menschen, um die es geht, nicht so eindeutig abzulesen sind. Bei Spagat ist das anders. Ich gehe mit politischen Vertretern oder Firmenvertretern liebend gern in Betriebe, die einen Spagat-Teilnehmer beschäftigen. Dort können sie sehen, wie wohl sich die Person fühlt, wie gut sie integriert ist und dass alle ihre Gaudi haben. Das ist nicht nur eine Show, da stehen alle wirklich dahinter. Ich bin immer wieder überrascht, wie schnell das möglich ist und wie sehr es sich auf die Besucher überträgt.«

Inklusion sei zwar in der Schule noch immer nicht die Regel, aber der Bereich öffne sich immer mehr, ist **Günther Mair** überzeugt. Als Lehrer in Vorarlberg kennt er die Situation genau:

»Etwa zwei Drittel der Eltern gehen mittlerweile den Weg der Integration, ein Drittel weiterhin den Weg über sonderpädagogische Zentren, an die sich meist die Beschäftigung in der Werkstatt anschließt. Alteingesessene Kolleginnen und Kollegen tun sich damit schwer, nicht nur die Sonderschullehrer, die im offenen System gebraucht würden, sondern auch die Lehrer aus Regelschulen, die sich mit Händen und Füßen gegen integrative Klassen wehren. Lehrer waren bisher Einzelkämpfer, jeder schloss die Klassentür und machte seine Arbeit, so wie er das für richtig hielt. Integration erfordert aber offene Klassentüren. Sie bedeutet Zusammenarbeit, aber auch Beobachtung und damit Kontrolle. Dahinter steht ein anderes Lehrerbild. Für Einrichtungen im Arbeitsleben gilt wahrscheinlich das Gleiche.«

Hermann Böckle aus dem Vorarlberger Sozialministerium schlägt einen noch weiteren Bogen:

»Inklusion ist auch wirtschaftlich sinnvoll, das wissen wir jetzt schon. Man darf sie aber nicht nur auf das Thema Behinderung beziehen, Inklusion will jede Form von Ausgrenzung vermeiden. Sie betrifft Kranke ebenso wie Kinder mit Verhaltensproblemen, schwierige Familien oder alte Menschen. Inklusion ist eine andere Denkweise, etwas ganz Grundsätzliches. Sie bedeutet Offenheit, Übernahme von Verantwortung, Stärkung der Region und der Nachbarschaft. Die Probleme müssen dort gelöst werden, wo sie entstehen, und jeder kann seinen Beitrag dazu leisten.«

Dass die Inklusion nicht nur das Leben der Teilnehmer verändert, sondern dass sie auch für die Spagat-Mitarbeiter eine starke Energiequelle darstellt, zeigt diese Aussage von Spagat-Leiterin **Birgit Werle:**

»Wenn ich persönlich nicht so sehr von unserer Sache überzeugt wäre, könnte ich nach so vielen Jahren nicht mehr so dahinterstehen. Mich überrascht selbst, dass es mich immer noch so begeistert. Unsere Arbeit und die Entwicklungen, die wir in Gang setzen, sind die Energiequellen, die unser Engagement speisen. Wir erleben tagtäglich den Effekt von dem, was wir tun, erleben, wie sich Menschen verändern. Das ist sehr schön, denn so etwas passiert nicht oft in der sozialen Arbeit. Insgesamt arbeiten beim IfS über 300 Mitarbeiter, und unsere 26 Spagat-Integrationsberater sind unter ihnen ein eigener Haufen. Die fallen auch innerhalb des IfS auf durch die Überzeugung, mit der sie ihren Job machen.«

Übertragbarkeit

Das Spagat-Modell hat in Österreich und im gesamten deutschsprachigen Raum viel Aufsehen erregt. In Bezug auf die UN-Behindertenrechtskonvention wird es als Vorzeigemodell gehandelt. Eva Schulze ist die österreichische Vorsitzende des Lenkungsausschusses zur Umsetzung der Konvention und des Controlling-Ausschusses für Menschenrechte in Wien. Sie hat auf einer Veranstaltung im Jahr 2011 in Bregenz das Spagat-Modell für beispielhaft erklärt. Für **Ingrid Rüscher** war das eine Bestätigung ihres zwanzigjährigen Bemühens um Integration.

»Eva Schulze hat Klartext gesprochen: Werkstätten und Beschäftigungstherapien müssen sich verändern, denn sie gehen nicht mit dem Behindertenrecht konform. Sonderschulen müssen aufgelöst und ins Regelschulsystem überführt werden, fordert sie. Sie hat unsere zwanzig Jahre alten Ideen aus der heutigen Sicht noch einmal bestätigt. Ich bin von dieser Veranstaltung mit einem Hochgefühl nach Hause gefahren. Denn in der Praxis wird man unsicher, weil es auch von Elternseite her Widerstand gibt. Da heißt es: Man muss zufrieden sein mit dem, was man bekommen kann, man kann nicht immer nur wollen und fordern.«

Viele Besucher aus anderen österreichischen Regionen und auch aus Deutschland und der Schweiz sind bei Spagat zu Besuch. Birgit Werle, Elisabeth Tschann und die Spagat-Integrationsberater halten häufig Vorträge. Trotz der eindrucksvollen Erfahrung in den Betrieben bleiben insbesondere die deutschen Verantwortlichen oft skeptisch. Ihr Fazit nach einem Besuch lautet regelmäßig:

»Das ist beeindruckend, aber auf unsere Bedingungen nicht übertragbar.« Sie sehen zu große Unterschiede in den gesetzlichen Grundlagen und den Finanzierungsmöglichkeiten. In Österreich will bisher lediglich Salzburg das Finanzierungsmodell in die Regelförderung übernehmen.

»Die Lebenshilfe Salzburg war dabei die treibende Kraft. Sie haben die zuständige Landesrätin mit nach Vorarlberg gebracht, die sich das Modell angeschaut hat. Es sieht so aus, dass sie es nun in die Förderung übernehmen«,

sagt **Birgit Werle**.

Geschäftsführer **Stefan Allgäuer** versteht das Denken, dass zu dieser Ambivalenz führt.

»Bei den Besuchen wirkt die direkte Erfahrung immer stark, sie bringt mehr als ein Expertenvortrag. Die Besucher wollen natürlich für ihre Betroffenen auch so etwas erreichen, aber es ist immer auch mit der Angst verbunden, einen bereits erreichten Standard aufzugeben, das Risiko einzugehen, etwas zu verlieren.«

Die größte Wirkung üben direkte Erfahrungen mit dem Modell auf Eltern aus. Mittlerweile gibt es in Österreich zehn lokale Initiativen, die im engen Kontakt zu Integration Vorarlberg stehen und ein solches Konzept auch in ihrer Region durchsetzen wollen. **Stefan Allgäuer** setzt in diese aktiven Eltern die größte Hoffnung:

»Wir als Fachleute haben immer das Problem, dass wir als Theoretiker dastehen und vielleicht auch ein bisschen als verrückt gelten. Wenn aber die Eltern aufstehen und sagen, wir wollen das für unsere Kinder, wir haben ein Recht darauf, dann sind die Politiker beeindruckt. Hier waren es ein paar aktive Eltern, gar nicht mal viele, die Spagat initiiert haben. Das ist eine starke Kraft und eine gute Unterstützung für uns. Zusammen können wir etwas bewirken. Persönliche Betroffenheit überwindet Widerstände viel besser, als wenn wir es als Fachleute probieren. Darin liegt wahrscheinlich auch anderswo die stärkste Kraft für eine Veränderung. Und mit der UN-Behindertenrechtskonvention ist der rechtliche Rückhalt noch mal stärker geworden.«

Roman Barbisch:
Alle freuen sich, wenn er kommt

Immer donnerstags arbeitet Roman Barbisch auf dem Steurerhof. »Das mag ich gern«, sagt er, »auch im Winter. Im Winter machen wir Holz, wir schaufeln Schnee und wir arbeiten im Stall. Ich liebe den Stall, aber ich mag auch das Heuen und das Holzholen.«

Der Steurerhof ist ein landwirtschaftlicher Betrieb mit einer Gaststube im Bregenzerwald. Geführt wird er von Thomas und Andrea Steurer. Die beiden haben Roman ins Herz geschlossen. »Ich freue mich immer, wenn der Roman kommt«, sagt Thomas Steurer, »er kann gut anfassen. Wenn man es ihm gut erklärt, kann er eigentlich alles machen. Er hilft auch gern im Gastbetrieb. Für uns ist er eine Bereicherung, in jeder Hinsicht.«

Einen Tag in der Woche gibt es bei den Steurers für Roman etwas zu tun, an den anderen Tagen arbeitet er im Spar-Markt in Alberschwende, jeweils einen halben Tag lang. »Zum Steurerhof kommt man nicht so leicht, da bringt mich mein Vater hin und holt mich auch wieder ab«, sagt Roman.

Die Landwirtschaft kennt er. »Mein Onkel hat auch einen Hof, und ich habe mir immer schon gewünscht, in der Landwirtschaft zu arbeiten.« Da war es fast selbstverständlich, dass ein Bauernhof zu den Schnuppermöglichkeiten gehörte, die der Unterstützungskreis mit ihm zusammen ausgesucht hatte. Roman war damals in der Berufsvorbereitungsklasse. Er wurde integrativ beschult, vier Jahre in der Volksschule und fünf Jahre in der Hauptschule. Roman Barbisch: »Mein Unterstützungskreis, das waren meine Eltern, meine Schwester, der Pate, die Lehrerin und Nachbarn. Ich habe verschiedene Sachen ausprobiert, der Spar-Markt gehörte dazu und eben der Steurerhof, aber auch eine Autowerkstatt und ein Malergeschäft.«

19 Jahre alt ist Roman heute. Für Thomas und Andrea Steurer, die selbst drei Kinder haben, ist er ihr »viertes Kind«. Sehr familiär geht es zu auf dem Hof. Der Steurerhof ist bekannt in der Region. Insbesondere die kleine Gastwirtschaft hat einen guten Namen. Beliebt sind die Eigenprodukte, das gute Schweinefleisch, der handgemachte Ziegenkäse. Thomas Steurer: »Vor zwei Jahren haben wir sogar den ersten Preis im landwirtschaftlichen Gastgewerbe gewonnen, das war ein großes Ereignis.«

Manchmal fährt Thomas Steurer zu den Ausstellungen des Rinderzuchtvereins und nimmt Roman mit. »Das mag ich sehr«, sagt der, und erzählt gleich, dass er auch Zeltfeste liebt. »Ich feiere halt gerne und ich mache auch Musik.« In seinem Jugendclub, dem Jugendraum, gehört er zu dem Team, das Veranstaltungen organisiert.

Hätte es eine Alternative zu einem Spagat-Arbeitsplatz gegeben? Roman Barbisch kann sich das nicht vorstellen: »In Langenegg gibt es eine Werkstatt, da arbeitet mein Onkel. Den habe ich mal besucht und habe gesehen, wie sie dort gebastelt und Blumen gezeichnet haben. Das war nichts für mich. Ich will etwas Richtiges arbeiten.«

Die Steurers und Roman Barbisch haben es gut miteinander getroffen. Thomas Steurer: »Wir sind glücklich mit ihm und hoffen, es geht noch ganz lange so.«

Ausblick: Künftige Spagat-Themen

Spagat ist als Dienst sehr erfolgreich und hat wahrscheinlich den Anspruch auf Inklusion konsequenter umgesetzt als jeder andere Dienst seiner Art in ganz Europa. Noch sind aber nicht alle Ziele verwirklicht. Ein relativ neues Thema ist die integrative Wochenstruktur, also die gesellschaftliche und berufliche Teilhabe für diejenigen, für die Arbeit nicht im Mittelpunkt steht. Ein weiteres Thema bezieht sich auf spezielle Gruppen und Personenkreise. Spagat-Mitarbeiter beschäftigen sich zurzeit intensiv mit dem Autismus und wollen Menschen mit autistischen Symptomen in Arbeit begleiten. Auch Menschen mit psychischer Erkrankung rücken in den Fokus. **Birgit Werle:**

> »Aktuell begleiten wir mehrere Teilnehmer, die aus der stationären Psychiatrie kommen, und versuchen, sie mit dem Spagat-Modell in den Arbeitsmarkt zu bringen. Bisher waren unter den Spagat-Teilnehmern kaum psychisch Erkrankte und wenn, dann allenfalls als Grenzfälle.«

Andere Themen, mit denen sich Spagat beschäftigt, liegen in den Bereichen Bildung, Wohnen und Freizeit. Beim Thema Bildung für Menschen mit schweren Behinderungen geht es auch um die Reflexion der eigenen Arbeit (s. Kapitel Bildungsangebote S. 90 f.). Im Freizeitbereich gibt es Bestrebungen, reguläre Angebote zu nutzen und wegzukommen von den üblichen Bastelkursen für Menschen mit Behinderungen. Wohnen ist für viele Spagat-Teilnehmer ein ganz zentrales Thema. Spagat versucht es mit der Methode der Persönlichen Zukunftsplanung anzugehen, Eltern und Teilnehmer können integrative Wohnmodelle anschauen, und Spagat initiiert Workshops. Für **Ingrid Rüscher,** die Mutter von Stefanie, ist klar, dass es beim Thema Wohnen nicht wieder um Wohngruppen oder Wohnheime gehen darf:

> »Wir brauchen nicht noch einmal dasselbe wie das, was die Lebenshilfe bereits macht, nur unter einem neuen Namen. Mit dieser Haltung habe ich möglicherweise einige Eltern verärgert, denen es mittlerweile vor allem um Entlastung geht. Das verstehe ich, denn je älter man wird, desto mehr braucht man gute Lösungen und Modelle, die zeigen, wie es auch ohne Elternhaus weitergehen kann. Ich finde aber, auch beim Wohnen muss man den Ansatz vertreten, genau hinzuschauen: Was braucht der Mensch, wo fühlt er sich wohl, welche individuelle Wohnmöglichkeiten gibt es und wie kann ich das unterstützen.«

Resümee

Mehr als 200 Personen arbeiten bereits auf Spagat-Arbeitsplätzen. Diese Zahl liegt über dem Bedarf, den das Bundesland Vorarlberg für integrative Plätze errechnet hat. Dennoch ist der Zugang weiterhin ungebremst und es sieht so aus, als würden sich in naher Zukunft Arbeitsplätze auf dem Arbeitsmarkt und Arbeitsplätze in Werkstätten die Waage halten. Wider Erwarten hat diese Entwicklung für die Werkstätten keine Platzabsenkungen mit sich gebracht. Sie haben durch eine veränderte Konzeption und durch ein attraktives Angebot weiterhin Nutzer von ihrem Angebot überzeugen können. Behinderte Menschen sind in Vorarlberg mittlerweile in der Lage, zwischen attraktiven Alternativen zu wählen. IfS-Spagat kann dabei für sich in Anspruch nehmen, die Idee des Empowerments und der Selbstbestimmung in besonderer Weise zu verwirklichen. Die Teilnehmer durchlaufen eine Phase der Persönlichen Zukunftsplanung, setzen selbst ihre Ziele, und die Integrationsberater verstehen sich als ihre Unterstützer.

In den Betrieben profitieren beide Seiten voneinander: Die behinderten Menschen finden dort eine tariflich entlohnte Anstellung, die Firmen und ihre Mitarbeiter lernen, offen und ohne Filter zu denken, mit Andersartigkeit umzugehen, neue Sichtweisen zu entwickeln, ihre eigenen Schwierigkeiten und Probleme anders zu bewerten. Diesen Wert haben die Betriebe mittlerweile erkannt: Er ist ein starkes Argument für die Beschäftigung von Menschen mit Behinderungen.

Ein Mangel könnte den weiteren Ausbau des System in Vorarlberg auf Dauer jedoch behindern: Die pragmatische Herangehensweise, den Bedarf dort abzudecken, wo er entsteht, und auf die Absicherung eines Rechtsanspruches im Gesetz zu verzichten, reicht möglicherweise in Krisenzeiten nicht aus. Schon jetzt wird eine Obergrenze von finanziellen Leistungen festgeschrieben, und es scheint nötig, den Bestand der Arbeitsplätze und die Qualität der Dienstleistung auch für die Zukunft zu verankern.

Spagat, so viel ist heute schon sicher, hat Vorarlberg verändert. **Stefan Allgäuer,** der Geschäftsführer des IfS, beschreibt seine Erfahrungen so:

> »Am stärksten spüre ich es im Wirtschaftsleben. Die Betriebe erkennen ihre gesellschaftliche Verantwortung und realisieren, dass ein Unternehmen nicht allein auf Produktion und Gewinn ausgerichtet sein darf. Am deutlichsten ist diese Sichtweise in Klein- und Mittelbetrieben ausgeprägt, die die Bedeutung der Vielfalt und die besondere Qualität eines behinderten Menschen im Betrieb noch anders erleben, weil sie in ihrer Struktur diese Werte leichter erkennen können.«

Nimmt man Inklusion ernst, dann betrifft sie nicht nur Menschen mit Behinderungen. Inklusion bedeutet, Sondersysteme nur noch dort zu unterhalten, wo sie unumgänglich sind, und Hilfen so weit wie möglich ambulant anzubieten. Das gilt für Krankheit und Alter, es gilt in der Schule, in der Gemeinde, in der Freizeit, für das Wohnen und für das Arbeiten. Es ist eine Rückkehr zur Bürgerverantwortung, weg von der weitgehenden Professionalisierung sozialer Dienstleistungen, wie sie seit dem Zweiten Weltkrieg zu beobachten war. Fachleute und engagierte Bürger sind Hand in Hand tätig. Jeder ist an seinem

Platz aufgefordert, wieder Verantwortung für das Gemeinwesen zu übernehmen.

IfS-Spagat ist in diesem Sinne die Vorhut einer neuen Bewegung. Die Mitarbeiterinnen und Mitarbeiter scheinen das zu spüren. Ihre innere Überzeugtheit vom inklusiven Weg und ihr persönliches Engagement sind bemerkenswert. **Elisabeth Tschann:**

> »Integration braucht Menschen, deren Handeln von Respekt und kreativem Denken geprägt ist. Wir haben großes Vertrauen in die Fähigkeiten unserer Mitarbeitenden, geben ihnen den nötigen Handlungsspielraum, schaffen Orte des Austausches und der Reflexion, damit wir ›das Richtige richtig tun‹. So gelingt mit dem Engagement, den Impulsen, dem Handeln aller Beteiligten die berufliche Integration.
>
> Das könnte ein Ziel für Vorarlberg sein: Eine Modellregion, in der Inklusion gelebt wird.«

Nachbemerkung

Seit meiner Recherche zu diesem Buch hat es bei Spagat personelle Änderungen gegeben. Hermann Böckle, als Fachbereichsleiter für Integrationshilfe im Land zuständig für die berufliche Teilhabe, ist in den Ruhestand getreten. Seine Nachfolge tritt Elisabeth Tschann an. In ihrer bisherigen Funktion war sie für den Assistenzbereich im IfS verantwortlich, führte das Projekt Spagat in die Regelfinanzierung, leitete und prägte das Modell bis 2008. Birgit Werle, langjährige Mitarbeiterin hat das Institut für Sozialdienste verlassen und die Leitung von Spagat an Thomas Hebenstreit übergeben.

Die Spagat-Mitarbeiter versichern, dass sich an den Inhalten und Strukturen sowie an der inneren Überzeugung und am Engagement aller Beteiligten nichts ändert.

Hamburg, Juli 2012
Dieter Basener

Dieter Basener

Jg. 1951, Verlagsleiter von 53° NORD Agentur und Verlag, Chefredakteur der Zeitschrift KLARER KURS – Magazin für berufliche Teilhabe.
Studium der Pädagogik und Psychologie, seit 1981 Tätigkeit in Werkstätten für behinderte Menschen, zunächst im ostfriesischen Aurich und Norden, seit 1987 bei den Elbe-Werkstätten in Hamburg. Mitbegründer der Hamburger Arbeitsassistenz, des Integrationsbetriebes Bergedorfer Impuls und von EUCREA Deutschland e.V.

Institut für Sozialdienste Vorarlberg

IfS Spagat
Institut für Sozialdienste
Interpark FOKUS 1
A-6832 Röthis
Fon.: (0043) 05523/42176
www.ifs.at
Mail: thomas.hebenstreit@ifs.at

Jochen Walter / Dieter Basener (Hg)

Mitten im Arbeitsleben
Werkstätten auf dem Weg zur Inklusion

Auf Erfolgskurs

2. Auflage 2012
ISBN 978-3-9812235-4-5
216 Seiten
19,80 Euro

Immer mehr Werkstätten für behinderte Menschen gehen neue Wege, um die Integration ihrer Beschäftigten in »die ganz normale Arbeitswelt« voranzubringen.
Sie schaffen ausgelagerte Arbeitsplätze in Betrieben der Region, gründen selbst Integrationsfirmen, öffnen ihre Angebote auch für nicht behinderte Menschen und in der Berufsbildung kooperieren sie eng mit Unternehmen und Berufsschulen.
In diesem Buch schildern zwölf Werkstätten ihre Konzepte und Erfahrungen auf dem Weg zur »Inklusion« behinderter Menschen in das Arbeitsleben.
Eine ausführliche Einleitung und ein Round-Table-Gespräch zum Abschluss des Buches diskutieren intensiv die Chancen und Grenzen des Inklusionsbegriffs und setzen sich mit den zukünftigen Herausforderungen für die Werkstätten auseinander.

53° Nord Agentur und Verlag
www.53grad-nord.com